Lebenswege
Menschen in Deutschland

Lebenswege

Menschen in Deutschland

Herausgegeben
von Helmut Drück

Ch. Links Verlag
Berlin

Die Deutsche Bibliothek – CIP-Einheitsaufnahme

Lebenswege : Menschen in Deutschland / Helmut Drück (Hg.) -
1. Aufl. - Berlin : Links, 1993
ISBN 3-86153-050-3
NE: Drück, Helmut [Hg.]

1. Auflage, März 1993
© Christoph Links Verlag - LinksDruck GmbH
Zehdenicker Straße 1, O-1054 Berlin, Tel.: (030) 281 61 71
Lektorat: Ulrike Stephan
Reihenentwurf: TriDesign, Berlin
Satz: Theuberger GmbH, Berlin
Druck- und Bindearbeiten: Wagner GmbH, Nördlingen
ISBN: 3-86153-050-3

Inhaltsverzeichnis

Vorwort 7

Wolfgang Thierse
»Sprachunfähigkeit überwinden...« 9

Erika Fratzke
»Gründe wurden keine genannt« 23

Jörg Foth
»Viel zu tun für Künstler« 32

Frank Schneider
»Politikfähigkeit von Musik« 43

Bernd Sievert
»Mit dem Kopf durch die Wand« 55

Norbert Nickel
»Großes Rechts- und Unrechtsbewußtsein« 68

Erika Lietz
»Keine Angst vor den Menschen« 81

Volkhardt Germer
»Diese Stadt verdient es« 92

Michael Beleites
»Die bundesdeutsche Bürokratie
als Vollstrecker der Stasi-Absichten« 106

Horst Klinkmann
»Join or leave the power« 117

Carl Ludwig von Klitzing
»Es ging ums Leben an sich« 128

Carlo Jordan
»Staatstragende Ideen auflösen« 139

Richard Schröder
»Die Enteignung des Gewissens« 149

Wolfgang Schäuble
»Die Vereinigung findet statt« 160

Vorwort

Wenn Medien Themen des deutschen Zusammenwachsens behandeln, so stehen im Rampenlicht die Treuhand und die alte Parteiführung oder vielschichtig schillernde »IM«, in der Regel Prominente aus Ost und West.

Dadurch darf aber der Blick nicht auf die vielen weniger Bekannten verstellt werden. Oft verlief deren Leben ganz anders, als sie es einmal geplant hatten – weil der alte DDR-Staat es so wollte. Vielen gab die deutsche Vereinigung endlich Wege frei, die bisher unbeschreitbar erschienen. Bei anderen brach das unerwartete historische Ereignis einen vorgezeichneten Lebensweg oder gar eine Karriere jäh ab.

In erster Linie ihnen wollte der RIAS mit seiner Sendereihe »Lebenswege – Menschen in Deutschland« eine Stimme geben.

Da wurden keine fixen Interviews, sondern lange, oft quälende Gespräche geführt. Es sind Dialoge, die unmittelbare und lebensnahe, hoffnungsfrohe und erschütternde Aussagen über die Deutschen in Ost und West liefern.

Einige dieser Gespräche sind im vorliegenden Buch zusammengefaßt. Sie sind ein Zeugnis der Stimmungslage in unserem Land.

Menschen aus allen Schichten geben Auskunft über ihr Leben und die Wunden, die ihnen die Spaltung geschlagen hat. Sie berichten von ihren Erfahrungen mit der Einigung – den guten und den schlechten.

Es sind meist keine spektakulären Fälle, sondern Einzelschicksale. Aber diese Zeugen haben mit vielen Hörern eines gemeinsam: eine durch die jüngste Geschichte Deutschlands »beschädigte Biographie«.

Diesen Begriff prägte der ostdeutsche Politiker Wolfgang Thierse. Ein Gespräch mit ihm eröffnete im März 1992 die RIAS-Hörfunkreihe, die seitdem große Aufmerksamkeit und viel Zuspruch gefunden hat.

Dr. Helmut Drück
Intendant
RIAS BERLIN

»Sprachunfähigkeit überwinden...«

Wolfgang Thierse, ostdeutscher SPD-Politiker,
im Gespräch mit Jürgen Schiller

Wolfgang Thierse, geboren 1943 in Breslau, aufgewach-
sen in Thüringen, Schriftsetzerlehre, Studium der Ger-
manistik und Kulturwissenschaften an der Humboldt
Universität Berlin (HUB), Mitglied der Katholischen
Studentengemeinde. Bis 1975 Assistent von Wolfgang
Heise an der Sektion Kulturwissenschaften / Ästhetik der
HUB, ab 1975 Mitarbeiter der Abteilung Bildende Kunst
des Ministeriums für Kultur, 1976 dort entlassen wegen
Protestes gegen die Biermann-Ausbürgerung. Ab 1977
wissenschaftlicher Mitarbeiter im Zentralinstitut für
Literaturgeschichte der Akademie der Wissenschaften.
Oktober 1989 Mitglied des Neuen Forums, ab Januar
1990 SPD-Mitglied, Vorsitzender des Berliner Bezirks-
Parteirats, 1990 Volkskammerabgeordneter, dort (stell-
vertretender) Fraktionsvorsitzender, seit September 1990
stellvertretender SPD-Parteivorsitzender.

Schiller: Sie haben, Herr Thierse, in einer Diskussions-
runde gesagt: »Jeder von uns hat eine beschädigte
Biographie.« Ein Satz, der uns, ich gestehe, sehr nachdenklich gemacht hat und Anregung war, dem nachzu-
gehen, Gespräche zu führen mit Menschen aus allen
Schichten in Ost- und in Westdeutschland.
   Was heißt das jetzt ganz konkret für Sie, Herr Thierse,
»eine Beschädigung der Biographie«?

Thierse: Also zunächst mal habe ich den Satz ja ausdrücklich polemisch artikuliert gegen eine bestimmte
Art von journalistischer Berichterstattung, überhaupt
gegen eine bestimmte Art von Urteilen über das Leben
in der ehemaligen DDR, nach denen es eben nur schwarz

oder weiß gibt, beschädigte Leben oder Heilige, Opfer oder Täter, Märtyrer oder Verbrecher. Ich sag' immer ganz trotzig: Es gab ein richtiges Leben im falschen System! Wir müssen miteinander lernen in Deutschland – also die Westdeutschen müssen es fertigbringen, das Urteil über das System DDR, über realen Sozialismus und realen Kapitalismus von dem Urteil über die Biographien, die in diesem System gelebt worden sind, zu unterscheiden.

Dieser Kommunismus ist gescheitert, aber mit ihm können doch wohl nicht alle Leben gescheitert sein, die darin unter bescheidenen Verhältnissen, unter Bedingungen von Unfreiheit, von Mangel, von Angst, von Vorsicht, von Anpassungszwängen gelebt worden sind und von vielen Menschen doch mit der Anstrengung, mit dem ehrlichen, ernsthaften Versuch gelebt worden sind, den eigenen Maßstäben von Anstand, von Vernunft zu folgen. Es ist nichts Großartiges, da wird man nicht Heldentaten erzählen können, aber doch Geschichten, in denen etwas von alltäglicher menschlicher Substanz hoffentlich erkennbar wird. Und diese Substanz, die wichtig ist, damit Menschen sagen können, »ich hab' nicht ganz umsonst gelebt«, darf nicht beschädigt werden.

Es ist nicht alles kaputt, alles zerstört, nur weil endlich, endlich, endlich diese DDR und dieser gescheiterte Versuch zu Ende sind.

Schiller: Also, ich unterstreiche das hundertprozentig, und deshalb machen wir auch diese Interviews und sind gespannt, was da an Lebenswegen hörbar werden wird.

Aber der eine oder andere kann natürlich nun sagen: »Das ist zwar sehr schön, was ihr da sagt, und der Thierse ist ja auch der geborene Rhetoriker, das klingt hervorragend, damit kann ich mich identifizieren – aber es ist mir zu einseitig.« Haben nicht die Menschen in Westdeutschland ebenfalls das Recht auf eine beschädigte Biographie durch die Ereignisse?

Thierse: Mit Sicherheit. Also, ich denke ja, daß Biographien in Ost- und Westdeutschland nicht so ganz unterschiedlich waren, wenn man mal von den vielen äußeren Unterscheidungen absieht. Anpassungszwänge gab's nicht nur im Osten. Feigheit oder Mut, Treue oder Verrat, durchgehaltene Freundschaft oder verlorene, aufgegebene Freundschaften, das gibt's nicht nur unter Bedingungen der Diktatur, nur – da wirkt es schwerer. Und wir haben, denk' ich, eine Art von, wie soll ich sagen, Einstellung zu solchen alltäglichen Werten gehabt, die vielleicht anders war als im Westen. Ich erkläre das immer am Beispiel der Sprache. In der DDR mußte man, wenn man jemanden kennenlernte, ganz schnell festzustellen versuchen: »Was ist das für einer? Kann ich mit dem einigermaßen aufrichtig, einigermaßen offenherzig reden?« Also hörte man hin: Wie redet er, ist es dieses Bürokratendeutsch, dieses SED-Deutsch, oder erkenne ich etwas von seiner Subjektivität, von seinem Innersten, ist da die Vermutung, daß er selber ein bißchen aufrichtig ist. Es war unerhört wichtig, jemanden relativ schnell an seiner Sprache zu erkennen, an seiner Art, reden zu können, damit man wußte: »Kann ich mit dem sprechen?« Das war unter Kollegen so, das war unter neuen Bekanntschaften so, im Urlaub.

Es ist ja wichtig, das zu begreifen, und ich nehme an, das prägt anders, als wenn man im Westen Deutschlands natürlicherweise unverbindlicher reden kann. Ist doch überhaupt nicht gefährlich, wenn man seine Meinung sagt, und der andere billigt sie nicht. Also, eine größere Art von Unverbindlichkeit im Westen, eine größere Art von Verbindlichkeit im Osten. Ich denke, das ist so ein Unterschied. Ich will das nicht im nachhinein glorifizieren, das ist ja auch immer den Bedingungen der DDR geschuldet, also einer Allgegenwart von Bespitzelung oder jedenfalls der Angst vor der allgegenwärtigen Bespitzelung. Ich möchte nichts im nachhinein heroisieren, sondern nur, daß solche kleinen Unterschiede wahrgenommen werden.

Ich bin ein bißchen von Ihrer Frage abgekommen. Ich denke, daß es beschädigte Biographien, Leid, Abbrüche von Biographien auch im Westen gibt. Aber sie sind vielleicht anders verursacht.

Schiller: Wie kann man Menschen eigentlich ändern,

wenn sich die Sprache so wenig verändert hat, wie Sie das tagtäglich auch im Umgang mit Politikern bei uns erleben? Oder, wenn ich jetzt an Ostdeutschland denke, wo Menschen sich eigentlich auch ändern wollen, aber dann auf einmal wieder jemanden vor sich haben, der sich eben nicht geändert hat, weder in seiner politischen Einstellung, noch in seiner Sprache, sondern genau noch das Funktionärsdenken, die Funktionärssprache hat, also, leger gesagt, die »Rote Socke« ist, die er früher war.

Thierse: Ah ja, da kommen Sie auf einen Punkt, den ich neben den vielen individuellen Nöten und Leiden, die Menschen durch Benachteiligung, durch Gefängnis und wer weiß was erduldet haben, fast für ein grundlegendes Problem halte. Schaden wäre ein zu böses Wort. Da ist einerseits die tiefsitzende Angst, die sich jetzt als Vorsicht, als falsche Bescheidenheit, als Unfähigkeit äußert, die eigenen Interessen und Bedürfnisse öffentlich, entschieden, klar, selbstbestimmt zu äußern. Und damit verbunden ist das zweite: die immense Sprachunfähigkeit der DDR-Bürger, die ja nie gelernt haben, sich öffentlich zu äußern; das durften sie ja eigentlich nicht, jedenfalls durften sie es nicht so, daß sie sagten, »ich rede von mir selber«, sondern es war ja immer angeordnet. Die führende Rolle der Partei, dieses Diktum, das war alltäglichste Realität. Man hatte im Grunde in Versammlungen, bei öffentlichen Gesprächen und so weiter nachzubeten, was im »Neuen Deutschland« stand. Wie soll man da lernen, sozusagen selbstbestimmt zu reden. Und diese Art Sprachunfähigkeit zu überwinden – also zu sagen, was ich will, mit Selbstbewußtsein, mit Selbstverständlichkeit auch –, das müssen wir lernen.

Ich sehe dafür Beispiele, daß gelernt wird, aber da ist ein immenser Nachholbedarf, der deshalb so groß ist, weil die Westdeutschen das natürlich viel besser können: Man hat gelernt, in einer 40jährigen Entwicklung im Westen, daß man sich selbst darstellen muß, daß man in Konkurrenz sich behaupten muß, daß man die Ellbogen einsetzen muß und daß man vor allem auch sprachlich überlegen, überzeugend wirken muß. Da scheinen mir viele DDR-Bürger immer noch ein bißchen gehemmt. Natürlich, in zwei Jahren kann man das nicht so schnell aufholen.

Schiller: Wo sind Sie ganz persönlich besonders beschädigt worden?

Thierse: Ich denke immer, daß ich eigentlich in der DDR weder ein Heldenleben noch ein Märtyrerleben geführt habe. Ich kann mich in diese großen Kategorien nicht einordnen. Ich denke, ich habe ein eher durchschnittliches Leben geführt, immer mit dem Versuch, mich nicht anzupassen, die Unabhängigkeit meines Denkens, meines Urteils zu verteidigen. Da mag viel Geschmäcklerisches darin sein, die Fähigkeit zu kritischer Distanz zu behalten, fast in der Überzeugung zu leben, niemals die Meinung haben zu wollen, die dran ist, die verlangt wird. Das hab' ich von frühester Jugend an, also ich hab's im Grunde von meinem Vater gelernt, der mir immer beigebracht hat: Wenn andere etwas glauben, von etwas überzeugt sind, was tun, muß das noch lange nicht richtig sein. Du selber mußt die Überzeugung haben, daß es so richtig ist.

Da bin ich meinem Vater sehr dankbar, daß er mir diese Einstellung beigebracht hat, daß man unter Minderheitserfahrung nicht wirklich leiden muß und daß man eine spezifische Art von Selbstbewußtsein doch durchhalten kann. Ich weiß nicht, wie ihm das gelungen ist, es ist so gewesen. Jedenfalls denke ich, daß ich es an erster Stelle meinem Vater zu verdanken habe. Und mein Leben, das ist eigentlich für mich auch immer – ich kann darüber fast heiter erzählen – die Geschichte von Minderheitserfahrungen gewesen.

Ich bin in Schlesien, in Breslau, geboren. Wir sind durch die Flucht nach Thüringen gekommen, in eine Gegend, wo es eigentlich keinen Krieg gegeben hatte – da war man also schon fremd.

In Südthüringen bin ich dann aufgewachsen, in einer kleinen Stadt. Man war Schlesier und sprach nicht so, wie die dort, so eine wunderschöne Sprache, nämlich fränkisch. Ich kann sie leider nicht, weil meine Eltern mich strikt hochdeutsch erzogen haben.

Ich bin katholisch aufgewachsen, und da waren alle evangelische Christen. Und dann die Selbstverständlichkeit: »Katholiken sind falsch.« Und später als Christ in einer Umgebung, wo die Mehrheit eben nicht mehr Christen waren. Und dann, in meinem ganzen beruflichen Leben war das immer so, daß ich fast der einzige »Nicht-SED-Genosse«, also nicht SED-Mitglied war – umringt von Leuten, die das waren.

Ich hab' die vielleicht überraschende Beobachtung gemacht, daß ich darunter nicht wirklich gelitten habe. Manchmal schon: diese kleinen Zurücksetzungen, daß man dies oder jenes nicht tun konnte.

Aber es ist so – irgendwann mal habe ich mich entschieden, nichts werden zu wollen in der DDR, weil ich den Preis nicht bezahlen wollte, den man für Karriere bezahlen mußte, nämlich Unterwerfung unter die SED, die Meinungen vertreten, die verlangt wurden, die politischen Ansichten haben.

So konnte ich mir wenigstens einbilden: Manchmal kann ich schweigen. Ich hab' nicht immer nein gesagt, aber wenigstens das »Ja« wollte ich nicht sagen. Und das gehörte mit zu den Beschädigungen – daß man sich immer auch erinnert an die kleinen, nicht sonderlich sichtbaren Niederlagen: Hier hat man geschwiegen, weil man ein bißchen Angst hatte oder weil man sagte, es hat keinen Zweck, ich richt' nichts aus, ich mache höchstens eher was kaputt.

So gab es immer solche Geschichten. Ich erinnere mich an eine, unter der ich sehr gelitten habe, weil ich wußte, das wirst du nicht mehr loswerden: 1968, Einmarsch dieser Warschauer-Pakt-Staaten in die Tschechoslowakei. Wir kamen aus dem Urlaub zurück, ich war gerade am Ende des Studiums, und wir wurden zu einer Versammlung zusammengerufen: »Ja, es muß eine Zustimmungserklärung abgegeben werden.«

Zuerst hab' ich gesagt, ich mach' das nicht. Ich unterschreibe nicht. Ich bin der Meinung, das ist eine Katastrophe, und das ist ein Verbrechen, und wir Deutsche hätten als allerletzte..., und so.

Und dann haben mich die Kollegen bekniet, alles Genossen: »Halt' wenigstens deinen Mund«, und »wenn du das laut sagst, dann gibt es Berichte, und dann wird unsere ganze schöne Arbeitsgruppe kaputtgemacht. Wir wollen doch zusammen arbeiten. Das siehst du doch ein, das ist doch vernünftig, was wir machen.«

Und da sag' ich: »Ja, das ist vernünftig, ich will das auch machen. Ich will auch niemandem, den Kollegen, nicht schaden.« Also hat man geschwiegen. Und so gab es immer wieder viele dieser Geschichten, wo man, statt laut nein zu sagen, geschwiegen hat, um den Kollegen keinen Schaden zuzufügen und weiterarbeiten zu können und das bißchen zu tun, von dem man sagte: »Es ist ganz vernünftig, das macht dir auch Spaß.«

Also diese Art von unausweichlichen Kompromissen, von denen ich nicht glaube, daß sie schändlich sind, aber daß man sich doch schämt, weil man weiß, man bestätigt den Mechanismus, unter dem man ja leidet am Schluß – durch Schweigen, durch nicht wirklich energisches Dagegensein trägt man zu Verhältnissen bei, unter denen man am Schluß leidet.

Und das zweite, wenn Sie mich nach Beschädigung fragen, nach diesen zwei Jahren einer wirklichen Explosion von Aktivitäten – ich lebe ja vollständig anders als früher –, frage ich mich manchmal: Was war früher mit dir los? Wie abgrundtief muß die Resignation, die Lähmung in dich hineingefressen sein? Und da denk' ich, darüber muß ich noch nachdenken, das muß ich noch mal selber zu klären versuchen, wie tief das gesessen hat, daß man gesagt hat: »Ach, das wird alles nicht mehr gehen, es hat keinen Zweck.« Und trotzdem hat man ja immer in dieser DDR gelebt und immer gedacht, es muß irgendeine Hoffnung geben, sonst hätte man ja gar nicht mehr aufstehen können oder sozusagen diese Zeitung in die Hand nehmen und lesen können. – Oder dieses Verhältnis von Resignation, von innerer Lähmung – und trotzdem immer dieser Versuch, irgendeinen Anlaß für Hoffnungen zu finden, und seien sie noch so trügerisch.

Schiller: Konnten Sie mit Menschen darüber reden? War das eine Hilfe, um diese Brüche etwas auszugleichen?

Thierse: Natürlich hatte man zum Glück Freunde und zwar Freunde Ost und Freunde West. Ich war gerade am Wochenende in Münster und bin da extra hingefahren, um mit einem Kreis von Freunden zusammenzutreffen, die vor über 20 Jahren mindestens einmal im Jahr zu uns gekommen sind. In unserer Wohnung waren dann immer 20, 25 Leute zusammen. Wir haben uns getroffen, wir haben immer über politische oder intellektuelle Themen gesprochen, und es war wichtig. Wir hatten das am Ende des Studiums begonnen und haben gesagt, wir wollen versuchen, so etwas durchzuhalten – die Kontinuität von Kontakten –, daß wir an uns sehen, wie wir uns selber ändern: unsere Meinungen, Einsichten, Empfindlichkeiten. Und ich hab' gesagt, »jetzt sind andere Zeiten, ich hab' eigentlich keine Zeit mehr, aber ich mach' das, ich will diese Art von Freundschaft fortsetzen«. Es gibt ein wunderbares Wort von Ernst Bloch über die Ehe, man kann es auch ummünzen auf Freundschaft – »das Abenteuer der Treue«. Da kann man nur in Treue, in durchgehaltener Freundschaft Wahrnehmungen machen, und das war für uns ungeheuer wichtig, daß wir uns Jahr für Jahr sahen und daß die westdeutschen Freunde kamen und uns wahrgenommen haben, diese Ost-Berliner Intellektuellen, die da in ihren Büdchen saßen und raisonierten – aber auch mit großer Heiterkeit; manchmal haben sie gesagt, »wie könnt ihr auch lachen und Witze erzählen« –, immer ein bißchen mit einem Unterton von Bitterkeit dabei. Aber das war wichtig, daß man zusammenbleiben konnte und wußte, die sind treu, die kommen wieder, die nehmen die Mühsal der Reisen und die Mühsal der Kontrollen am S-Bahnhof Friedrichstraße auf sich, weil sie sich sagen, diese Art von Gesprächen sind wichtig für uns. Das war für uns auch ein Moment von bestätigtem Selbstbewußtsein. Die kommen, weil sie uns für einigermaßen interessant und wichtig und für anständige Leute halten.

Schiller: Zur eigenen Glaubwürdigkeit, Herr Thierse. Ich unterstreiche voll, was mein Kollege, ich glaube im »Spiegel«, gesagt hat: »Er liefert keine glatten Statements ab, sondern persönliche Bekenntnisse.«

Ich glaube, das ist auch eben sehr, sehr hörbar geworden. Aber wie ist das mit der Glaubwürdigkeit, wie reagieren Sie im Innern? Ich habe den Begriff der »Roten Socken« gebraucht. Also wenn Sie heute mit Menschen in Ostdeutschland reden und denen wirklich kluge Worte sagen, und die glauben das auch – davon bin ich fest überzeugt – und finden das gut, was Sie sagen, und das gibt ihnen vielleicht auch Hoffnung – »aber dann fährt der Wolfgang Thierse wieder in seine gesicherte Existenz und läßt mich in meiner ungesicherten Existenz zurück!« Wie werden Sie damit fertig?

Thierse: Es ist schwierig, weil ich nicht – und ich glaub', auch die meisten DDR-Bürger nicht – damit umgehe, daß wir jetzt eine Realität haben, die sozial viel differenzierter ist, oder, um es drastischer zu sagen: Es gibt wirklich arme Leute, und es gibt wirklich reiche Leute. Jedenfalls beginnt das so: Die einen sind arbeitslos, die anderen haben Angst vor Arbeitslosigkeit, und dann gibt es Leute, denen geht es gut. Ich gehöre zu den letzteren. Plötzlich bin ich etwas, was ich bisher nie war: Ich bin unfreiwillig, ohne daß ich wirklich etwas hätte dafür tun können, auf der Seite der Privilegierten. Als Bundestagsabgeordneter verdiene ich mehr und bin in einer mißlichen Situation: Wenn westdeutsche Abgeordnetenkollegen sagen, wir brauchen eine Diätenerhöhung, dann haben sie darin recht, daß sie sich mit ihren Nachbarn vergleichen – der Anwalt und der Arzt und sonstwie vergleichbare Berufe, die verdienen mehr als ein Abgeordneter, wenn sie es gut machen. Aber ich hab' meine Nachbarn im Prenzlauer Berg, und ich weiß, die verdienen erheblich weniger. Trotzdem kann ich nicht sagen, daß ich mich dafür schämen muß, denn die Leute haben mich gewählt; ich versuch', meine Arbeit wirklich mit Ernst, mit Leidenschaft, mit Fleiß zu tun. Ich arbeite wirklich soviel wie noch nie in meinem Leben, und das ist hart, nicht nur in einem äußerlichen Sinne. Ich hab' an mir festgestellt, daß ich diese Umstellung physisch ganz gut durchhalte, daß ich intellektuell manchmal an den Rand meiner Fähigkeiten komme, weil ich soviel gleichzeitig lernen muß: Wovon alles ich plötzlich was verstehen muß! Aber das ist auch noch spannend, das geht noch.

Am anstrengendsten ist es sozusagen, dem, was man mit psychischen Fähigkeiten erreicht, zu begegnen; man muß ja plötzlich Niederlagen verkraften, die andere gar nicht sehen. Es sind trotzdem Niederlagen. Wie wenig kann ich – so sehr ich mich engagiere, so sehr ich kämpfe –, wie wenig kann ich erreichen. Ich hab' viele Niederlagen in diesen anderthalb oder zwei Jahren schon erleiden müssen, Niederlagen, nicht spektakulär, aber man sieht: Das wolltest du, und das hast du nicht erreicht, dafür bist du eingetreten, und das geht nicht. Und – plötzlich kann ich mich nicht mehr so wie früher raushalten und sagen: Diese blöden Idioten, diese Scheiß-Kommunisten oder diese Regierung; sondern wenn etwas schiefgeht – und selbst, obwohl ich nicht in der Regierung bin –, wenn ich sehe, wie schwierig das im Osten ist, ist das mein, mein Problem. Ich kann nicht mehr tun, es ist Sache der anderen. Also, ich wollte das nur beschreiben.

Ich bin nicht von der grimmigen Idylle der DDR in eine andere Idylle übergewechselt, sondern es ist ein mühseliges Geschäft. Trotzdem denke ich, ich hab' einen viel besseren Teil erwischt. Wenn ich frühere Kollegen sehe, wenn ich Nachbarn sehe, 'ne Menge Leute, mit denen ich zu tun habe, dann denke ich, ich kann wenigstens kämpfen, ich kann meine Hoffnung, meine Wut, meine Wünsche rausschreien, ich kann's artikulieren, ich kann auch für andere reden und kann denken. Es ist ganz sinnvoll, daß es da einen gibt, der das tut. Und viele andere sehen: Sie können so wenig für sich tun! Und da bin ich in einer mißlichen Situation, dann zu sagen: »Ihr könnt auch ein bissel was, ihr könnt mehr, als ihr denkt!« Aber ich weiß, das ist Predigt.

Schiller: Ich muß ein Stichwort jetzt reinbringen: Stasi-Diskussion. Auch das hat jetzt, wenn ich mit Ihnen darüber rede, sehr viel mit persönlichem Bekennen und mit Ehrlichkeit zu tun. Wolf Biermann hat in der letzten Woche im »Spiegel« geschrieben: »Der edle Streit geht nur noch darüber, ob die Akten lieber verbrannt werden sollen, oder einbetoniert, oder in die Spree geschmissen. Die Stasi-Problematik schrumpft zum Müll-Problem, der lebenskluge Gauck soll ab in den Orkus, die Tendenz ist klar: Stopft den Opfern das Maul! Wenn sie nun schon so viel zahlen müssen, wollen die Westdeutschen wenigstens ihre gewohnte Ruhe. Opfer, die nicht leise genug schreien, sollen mundtot gemacht werden – es ist wie beim Schlachtfest.« Ich möcht' das hundertprozentig unterstreichen. Wenn ich so was höre und lese, tut es mir weh. Wie geht es Ihnen?

Thierse: Also ich glaube, daß Wolf Biermann... – also zunächst mal hat er recht. Ich bin entschieden dagegen, daß die Gauck-Behörde wieder geschlossen wird, die Stasi-Akten wieder unter Verschluß geraten. Nein, diese Stasi-Unterlagen, das ist eine große Leistung, weil es den Opfern die Archive eines Geheimdienstes eröffnet. Das hat es noch nie gegeben. Und sie bekommen das Recht, sich ihre Biographie neu anzueignen. Es wäre schlimm, wenn dichtgemacht würde, und dann hätten ein paar Medien, die viel Geld haben, das Material schon gekauft, ein Monopol; oder die Führungsoffiziere, die ihr Wissen im Kopf haben, oder andere, die ihr Material nach Hause geschleppt haben und es verkaufen. Das ist nämlich die Alternative. Also deswegen muß die Gauck-Behörde bleiben, muß der Zugang zu den Archiven, zu den Akten offen bleiben.

Aber ich glaub', jedenfalls ist mein Eindruck so, daß Wolf Biermann in anderer Hinsicht nicht recht hat. Ich glaub' nicht so sehr, daß die Westdeutschen dichtmachen wollen, sondern mein Eindruck ist, daß sie so wie Voyeure dabeisitzen und denken: »Was ist das für ein komisches Volk da drüben.«

Ich hab' eher die Sorge vor Pauschalurteilen. Wenn wir es nicht fertigkriegen, die ganze Debatte um die Stasi-Akten wieder zu relativieren, so sehr sie mit Erschütterung verbunden ist, wieder zu relativieren und zu sagen: In diesem Gesamtsystem waren die Informellen Mitarbeiter, die kleinen Wichte – erbärmliche Wichte – nicht die eigentlichen Verbrecher; die sitzen woanders: Das ist die politische Führung der SED, das sind die

Führungsoffiziere, das sind die Stasi-Generäle, und so weiter. Die Relationen müssen wieder stimmen!

Und zweitens müssen wir lernen, den Akten nicht schon selber das Recht zuzugestehen oder die Qualität von Wahrheitsbeweisen zuzueignen, sondern manchmal muß man auch den Konflikt aushalten, daß einer verdächtig ist und sagt: Ich war es aber nicht! Und dann müssen wir nicht automatisch sagen, die Akten haben recht, ebensowenig, wie der Führungsoffizier recht hat, wenn er belastet oder entlastet. Wir müssen Konflikte aushalten, und mein leidenschaftlicher Appell ist ja immer der: Mut zur Differenzierung, genau hinzusehen, die vielen Zwischentöne wahrzunehmen und die Situation zu rekonstruieren, in denen einer gehandelt hat!

Erst dann wird es wieder stimmig, erst dann kann man dieses komische, lustige, traurige DDR-Leben auch wirklich rekonstruieren.

Sonst bleibt übrig: Das sind die Bösewichte und die Heiligen. Und ich kenn' doch die Urteile alle, wo man sagt, dieses DDR-Volk war ein Spitzelvolk. Das stimmt nicht – weder zahlenmäßig, noch der Fülle der individuellen, gelebten Biographien nach.

Wir waren allerdings auch kein Heldenvolk, das wäre genauso verlogen.

Schiller: Ihre Lieblingsgestalten in der Geschichte. Da nennen Sie drei: Janusz Korczak, Mahatma Gandhi, Martin Luther King. Das heißt für mich: Humanität, Leidensfähigkeit, Gewaltlosigkeit.

Sind das Dinge, mit denen man eventuell auch aus Ihrer persönlichen Erfahrung beschädigte Biographien, ja, nicht heilen, aber wenigstens damit fertig werden kann?

Thierse: Natürlich, das sind ganz irrsinnige Figuren. Ich hätte ein paar weitere nennen wollen. Diese unerhörte Fähigkeit, Konflikte gerade dann, wenn sie aussichtslos erscheinen, durch Gewaltfreiheit lösbar zu machen und eben nicht durch Gewalt, weil das den nächsten Konflikt erzeugt; das Ausmaß von Mut und von Selbstlosigkeit, das auch darin liegt, daß man sich der Gewalt aussetzt, ohne zu denselben Mitteln zu greifen, das schien mir immer wie eine Alternative in Verhältnissen zu sein, die nicht durch eine manifeste Gewalt – das ist Faschismus – bestimmt sind. Das war die DDR nicht, sondern, ich nenn' das immer »leiser Terror«. Das sind ganz andere Mittel der Unterdrückung, der Beeinflussung sozusagen: indem man die Angst, die eigene Unfreiheit kompensiert. Und wenn man Geschichten erzählen müßte, da denk' ich, da haben wir noch viel vor uns, wir ehemaligen DDR-Bürger: Die Trauer darüber, wie sehr unsere innere Unfreiheit mit der äußeren Unfreiheit korrespondiert hat, wie wenig wir selber souverän waren.

Ich denk' manchmal von mir, ich bin auch wirklich kleinbürgerlich, so ein popliger, kleiner DDR-Bürger. Ich sag's vorwurfsvoll, seh' aber zugleich auch, ich will nicht alles entschuldigen dadurch, daß ich in der DDR war.

Was ist mein Teil? Es ist ja auch bequem zu sagen, das System ist daran Schuld, daß ich das und das nicht kann, daß ich nicht souverän genug bin. Wir haben immer auch danach zu fragen: Und wir selber? Gab's nicht doch viel mehr Alternativen konkreter Art in diesem Leben? Das wäre wichtig. Wenn wir diese Selbstprüfung vorgenommen haben – nicht im Ton des Vorwurfs, daß die einen daherkommen und auf die anderen zeigen, sondern im Gespräch miteinander –, dann wäre das ein Schritt zu wirklicher, innerer Befreiung, einer der Schritte, die wir noch zu tun vor uns haben.

Also beschädigt meint sozusagen dieses alltägliche Leben, zwischen Heldentum einerseits und Tätertum andererseits, und diese vielen kleinen Schlängellinien unseres Lebens, wo wir unseren Maßstäben von Anstand gefolgt sind, aber zugleich doch einen kleinen Schritt vielleicht zu kompromißbereit waren.

Es gibt Kompromisse, die immer gerechtfertigt sind zum Überleben, aber wo waren sie einfach nur schäbig um der Karriere willen?

Dieses müssen wir prüfen. Das klingt jetzt alles furchtbar moralisch, aber man kann das hoffentlich auch manchmal heiter machen, auch im Gespräch unter Freunden. Ich wünsch' mir sehr, daß wir auch DDR-Geschichte weglachen können. Das befreiende Lachen, also manchmal hoffe ich sehr darauf; aber ich fürchte, da gibt's nicht so viele Autoren, die der DDR die Komödien schreiben, die komische Geschichten erzählen. Denn diese DDR war auch ein irrsinnig komisches Land, lächerlich bis zum Erbarmen, auch das muß man erzählen.

9. März 1992

»Gründe wurden keine genannt«

Erika Fratzke, ehemals Lagerhäftling in der UdSSR, im Gespräch mit Kerstin Schneider

Erika Fratzke, geboren 1926, heute Rentnerin, wurde im März 1945 von Soldaten der Roten Armee in sowjetische Arbeitslager bei Krasnowodsk / Turkmenistan und Stalingrad verschleppt. Ihr Leben in der DDR nach ihrer Rückkehr 1947 war vom Zwang, diesen Teil ihres Lebens und ihrer Erfahrungen verschweigen zu müssen, bestimmt. Heute ist sie Mitglied einer Gruppe zur Aufarbeitung dieser Erfahrungen.

Schneider: Wie kam's denn dazu, daß Sie verhaftet worden sind und warum?

Fratzke: Gründe wurden gar keine genannt. Das war einfach zu der Zeit ganz selbstverständlich: Wer erwischt wurde von uns jungen Mädchen, wurde mitgenommen.

Schneider: Und wie war das bei Ihnen? Sie waren auf der Flucht und hatten sich versteckt. Wie sind die Russen überhaupt darauf gekommen, Sie mitzunehmen? Wie ist man darauf gekommen, wo Sie waren?

Fratzke: Na ja, wir hatten das Pech, daß eine Nachbarin uns mal gesehen hatte; und die hat dann den Russen Bescheid gesagt. Und dann sind sie gekommen, und dann hatten sie meinen Vater hingestellt und haben gesagt: »Wenn er jetzt nicht sofort die Mädels holt..., die Nachbarin hat gesagt, da sind Mädels« – wir waren hinterm Kohlenschuppen versteckt –, »und wenn er die Mädels nicht sofort holt, dann wird das ganze Gehöft abgebrannt, und die Eltern werden erschossen«. Und dann

23

kam er rein und sagte: »Es tut mir sehr leid, Kinder, aber ich..., ich muß euer Verräter sein« – das hat er wörtlich gesagt. Und das hat er auch nie..., das hat er auch nie überwunden. Er ist auch, seitdem sie uns mitgenommen haben, immer krank gewesen.

Schneider: Sind Sie allein verhaftet worden, oder sind mit Ihnen noch mehrere Frauen festgenommen worden?

Fratzke: In diesem Versteck waren drei Schwestern von mir, eine Cousine von mir, die Tochter von der Wirtsfrau und ich; und wir wurden alle mitgenommen. Und von der Straße wurden noch drei Mädchen einfach weggefangen und auch mitgenommen. Und dann fuhr man mit uns nach Peitschendorf, zur Kommandantur.

Schneider: Was ist dann passiert in Peitschendorf?

Fratzke: In Peitschendorf wurden wir erst mal in... in einen Keller gesperrt; und dann wurden, hauptsächlich nachts, Verhöre durchgeführt. Bei uns hatte man dann festgestellt, aufgrund der Namen, daß wir Geschwister sind – und daraufhin hat man uns immer gegeneinander ausgespielt. Die Leute, die verhört haben, die haben dann gesagt: »Warum du lügen? Schwestern sagen, Vater Partei, du sagen, Vater ni Partei. Du fahren Rußland, Schwester fahren damoi.«
Und wir konnten ja nur die Wahrheit sagen. Und mein Vater war nicht in der Partei, und da mußten wir eben die Prügel, die es dafür gab, einstecken.

Schneider: Sie und drei Schwestern von Ihnen, insgesamt vier Kinder, sind verhaftet worden. Was ist denn aus Ihren Schwestern geworden?

Fratzke: Die eine war nur bis zur Kommandantur mit, wurde dort verhört, mußte 'ne Zeitlang da arbeiten – was anfiel.
Und zwei und ich, wir sind erst mal nach Badenstein und Rastenburg gekommen, und dann trafen wir uns in Insterburg im Gefängnis wieder.

Schneider: Insterburg war ja nicht die letzte Station auf Ihrem Weg. Von Insterburg ging es dann noch weiter.

Fratzke: Von Insterburg wurden wir dann bei Regenwetter zum Bahnhof gebracht. Da waren wir schon so weit, daß wir das Wasser aus der Pfütze getrunken haben, weil wir eben Durst hatten und nicht richtig versorgt wurden. Wir sind auf dem Bahnhof immer zu 80 Personen in einen Viehwagen gepfercht worden. Wir sind erst mal 18 Tage lang mit dieser Bahn gefahren, bis Baku, und in Baku wurden wir verschifft, und in Krasnowodsk sind wir ausgeladen worden, gleich auf Autos geladen und ein Stück in Richtung Steinbruch gefahren worden. Und da in der Wüste, da gab's nur vier Wachtürme und das Tor und Sand. Mehr war da nicht, als wir ankamen.

Schneider: Das heißt, Sie mußten sich das Lager erst mal selber bauen.

Fratzke: Ja, man brachte uns Spaten, Schippen und alles, was man sonst so dazu braucht. Und dann mußten wir erst die Löcher buddeln, und dann wurden Holzdächer zusammengenagelt, und darüber wurde wieder Erde geschippt; und wenn man dann ein Stück weiter weg war, dann konnte man gar nicht sehen, daß das ein Haus oder ein Lager oder irgendsowas war, dann war es eben nur ein Sandhügel.

Schneider: Sie mußten in diesem Lager ja arbeiten. Was mußten Sie da machen?

Fratzke: Als wir mit den Baracken fertig waren, die wir ja brauchten, wurden wir in den Steinbruch gefahren. Da oben wohnen ja die Turkmenen – oder leben da –, und die sprengten die Felsen. Es war ja..., es ist ja ein Alabaster-Felsen. Die sprengten die großen Brocken ab, und wir mußten dann Bausteine draus machen. Die Höhe mußte 20 Zentimeter betragen und die Breite war gleich.

Schneider: Und hatten Sie Werkzeuge dafür da, oder wie war die technische Ausrüstung?

Fratzke: Eine Axt. Deshalb sangen wir ja später – wir mußten ja oft bei der Arbeit singen, auch wenn wir lieber geweint hätten als gesungen, aber wenn das Kommando kam, mußte gesungen werden. Und dann haben wir eben nicht nur die Lieder gesungen, die man kannte, sondern wir machten uns unsere eigenen – und da sangen wir dann nach der Melodie »Am Golf von Biscaya«: »Im Lager von Asien ein Mädelein stand, gestützt auf dem Steine, die Axt in der Hand.

Was hab' ich verbrochen, was hab' ich nur getan, daß ich hier nach Asien zum Steinkloppen kam.«

Und, das sagte ich ja schon, wir hatten nur Äxte.

Schneider: Sind Sie in dem Lager mißhandelt worden?

Fratzke: Im Lager selbst gab es nur dann Schläge, wenn man bestraft werden sollte. Zum Beispiel, wenn der Natschalnik kam, und man war nicht am Arbeitsplatz, dann wurde man abends beim Appell – nach der Arbeit gab's immer einen Appell – da wurden die Strafen verkündet.

Schneider: Was waren das für Strafen?

Fratzke: Es war unterschiedlich. Manchmal mußten wir die Wüste gießen. Das heißt, der Posten bestimmte irgendwo eine Stelle, und dann mußten wir mit unserem Kochgeschirr oder was für eine Trink- oder Eßbüchse man gerade hatte, am Brunnen Wasser schöpfen und ununterbrochen Wasser tragen. Und das war so sinnlos, denn wenn man beim nächsten Mal hinkam mit dem Wasser, dann war das erste ja schon aufgetrocknet, das war ja gar nicht mehr da. Aber man durfte eben nicht schlafen, man mußte die Wüste gießen.

Das schlimmste war, wenn man in die Totenkammer mußte. Und es bedeutet schon eine ganze Menge, wenn man da jetzt bei zehn oder zwölf Grad oder wieviel es gerade waren die ganze Nacht sitzen muß und warten, bis es wieder hell wird. Und dann noch zur Arbeit gehen nach alldem.

Schneider: Wieviel Stunden mußten Sie denn am Tag arbeiten, wissen Sie das noch?

Fratzke: Ach, genau kann ich das gar nicht sagen. Aber es war ja nicht nur die Arbeit, was uns anstrengte. Es fing ja morgens schon um viere an; da wurden wir dann rausgepfiffen, und dann kam ja erst der Appell. Und dann mußten wir stundenlang stehen und uns zählen lassen, obwohl man ja genau wußte: Da konnte ja gar keiner ausreißen; wo wollte denn da einer hin, in der Wüste? Aber wir wurden immer wieder gezählt, manchmal stundenlang stehengelassen, bis es erst mal rausging zur Arbeit. Und dann kam die Arbeit, und abends ging's wieder von vorne los.

Schneider: Von Krasnowodsk ging es dann nach Stalingrad. Warum hat man Sie verlegt?

Fratzke: Wir hatten, wahrscheinlich durch die Hitze, sehr viele Tote und wenig Arbeiter – viele Kranke –; und da hat man dann ab und zu mal Transporte zusammengestellt, angeblich, um sie nach Hause zu schicken. Und da wurden wir dann wieder verschifft und kamen nach Stalingrad zum Sawod Petrow.

Schneider: Die Bedingungen in Stalingrad – waren die mit denen in dem ersten Lager vergleichbar oder schlechter oder besser?

Fratzke: Einerseits war das Klima besser, aber die Versorgung war noch schlechter. Denn in Krasnowodsk kriegten wir immer unser Stück Brot und unsere Suppe. Wenn's auch nicht viel war, aber wir kriegten sie immer. Und in Stalingrad wurden wir als Zivilinternierte bezahlt – allerdings sehr schlecht, denn monatlich hatten wir durchschnittlich 20 bis 40 oder 45 Rubel.
Schneider: Und 20 bis 45 Rubel, was konnten Sie davon überhaupt kaufen?

Fratzke: Brot und ein Eßlöffel Zucker kosteten täglich 3 Rubel und 16 Kopeken. Und wenn wir jetzt sechs oder sieben Tage unser Brot kaufen konnten, dann mußten wir versuchen, die letzte Portion schwarz an die russischen Bürger zu verkaufen. Denn es gab verschiedene, die Geld hatten, aber zu wenig Brot. Die kauften dann für circa 12, 15 oder 20 Rubel unsere Portion. Und dann konnten wir wieder ein paar Tage Brot kaufen. Wenn wir keinen Käufer fanden, dann mußten wir uns mit Brennesseln, Melde oder sonstigen Kräutern, die man so fand, mal ein paar Kohlblättern oder was man gerade erwischen konnte, ernähren, bis es wieder Geld gab.

Und wenn wir gar nichts anderes hatten, dann gingen wir zum Abfallhaufen.

Schneider: Wie lange sind Sie denn in Stalingrad gewesen, und wie kam es zu Ihrer Entlassung?

Fratzke: Ich hatte erst mal, gleich im November, die Füße angefroren beim Arbeiten auf der Baustelle und hab' mit diesen angefrorenen Füßen bis zum März hin in der Lagerbaracke, Krankenbaracke, gelegen. Aber ich war nur ein paar Tage wieder auf der Arbeitsstelle, und dann wurde ich noch schlimmer krank, weil ich Typhus kriegte. Aber ich hatte dann das Glück, daß an einem Tag gerade die russische Kontrollärztin kam. Die hat dann festgestellt, daß ich Typhus habe und hat mich gleich in die Typhosen-Balniza nach Piketowka eingewiesen. Da war ich die einzige Deutsche im ganzen Krankenhaus. Und diese Ärztin, Nina Dimitrowa, die war sehr gut zu mir, denn ich war schon so weit, daß man mich auch auf einen Nebengang am Flur rausgeschoben hatte, weil ich eben Todeskandidat war. Und da kam ein Professor mit seinen Studenten und hat diesen Fall erläutert, und da hörte ich, wie sich ein paar junge Mädchen über uns Deutsche unterhalten haben. Und sie waren der Meinung, uns sollte man gar nicht erst behandeln, uns sollte man gleich verrecken lassen, denn »die Deutschen sind alle Schweine«.

Und da hab' ich mir gesagt: »Ich bin kein deutsches Schwein, und meine Eltern warten dadrauf, daß ich wiederkomm', -kommen soll«, und da hab' ich zu mir selber gesagt: »Du mußt leben, du mußt leben« und immer wieder nur gesagt: »Du mußt leben!«

Und als dann die Kommission, die Studenten weg waren, da habe ich dann gerufen, »Sestra, daite poschaluista nimnoschka pokuschats«, das heißt: Schwester, geben Sie mir bitte ein bißchen zu essen! Die Schwester hat mich angeguckt, als ob ich jetzt ganz den Verstand verloren hab'. Und dann kam sie nachher wieder mit der Ärztin und brachte mir auch was zu essen. Und das Essen wurde immer mehr im Mund, aber ich habe immer wieder gesagt: »Du willst leben und du mußt leben!« Wenn die Schwester morgens kam, dann stellte sie mir was auf den Tisch neben meinem Bett und sagte: »Doktor schickt!«

Und ich war so dankbar für jeden Happen! Ich hab' mich damit wieder erholt, und ich möchte behaupten: Sie hat mein Leben gerettet.

Am 14. Januar kam der Kommandant und hat uns gesagt, wir sollen unsere Sachen zusammenpacken, die wir noch besaßen, es geht nach Hause. Aber auch da wußten wir ja noch nicht, ob es nach Hause geht. Das merkten wir ja erst, als wir deutsche Dörfer sahen.

Schneider: Nachdem Sie dann zurückgekommen waren, haben Sie in der DDR gearbeitet und gelebt. Konnten Sie darüber reden, über das, was Ihnen nach dem Krieg in den Lagern passiert ist?

Fratzke: Nein, das wurde uns ja schon gleich in Stalingrad gesagt, als wir da entlassen wurden: Da wurden wir ganz energisch angewiesen, daß wir zu schweigen haben – in jeder Beziehung: »Und sollte einer mal darüber sprechen, dann wird er auch nichts erreichen, denn der wird sofort in die Nervenheilanstalt eingewiesen.«

Schneider: Haben Sie denn trotz dieses Schweigegebotes mal den Versuch gemacht, über Ihr Schicksal zu reden in der DDR?

Fratzke: Ich war einfach zu feige dazu. Ich hatte Angst.

Schneider: Und das haben Sie dann erst gemacht, nachdem die Mauer gefallen ist, mit Hilfe dieser Gruppen, die sich gebildet haben, um das aufzuarbeiten.

Fratzke: Ja. Ich hatte ja schon Angst, meinen eigenen Kindern davon zu erzählen, weil ich ja wußte, wie sie in der Schule erzogen werden und was man ihnen in der Schule sagt. Und damit sie nicht irgendwie nachher Probleme haben, wenn ich jetzt ganz was anderes sage, da habe ich mir gedacht: Es ist besser, wenn ich mit meinem Leben alleine fertig werde. Das war schwer oft, zu schweigen; ich wollte aber die Kinder nicht damit belasten.

Schneider: Sie wohnen jetzt in einer Straße – es ist zufällig –, aber die heißt die »Deutsch-Sowjetische Freundschaft«. Ist das schwer für Sie, wenn Sie da praktisch in ihrem Wohnort auch immer wieder an diese Zeit erinnert werden? Oder können Sie wirklich etwas damit anfangen, mit der deutsch-sowjetischen Freundschaft?

Fratzke: Ich mußte ja mit meiner Zeit in der Internierung leben – und ich mußte so lange ganz alleine damit fertig werden.
Und außerdem gibt es ja nicht nur böse Menschen. Es gibt ja auch dort – wie ich schon sagte, zum Beispiel die Ärztin oder andere – welche, die versuchten, uns was zuzustecken oder mit ein paar Worten, wenn es auch nur gebrochen deutsch war, ein bißchen Mut zu machen, so daß mich dieser Begriff »deutsch-sowjetische Freundschaft« heute gar nicht mehr stört. Weh getan hat's damals – ich arbeitete beim Rat des Kreises: Als Reinigungskraft fing ich erst mal an, und dann ging's nachher bis zur technischen Kraft in der Poststelle – allgemeine Verwaltung. Und da hat man ja sehr viel Wert auf deutsch-sowjetische Freundschaft gelegt, und man wollte auch, daß alle Betriebsangehörigen in der Organisation »Deutsch-Sowjetische Freundschaft« zusammengefaßt werden. Und ich hab' mich sehr, sehr lange dagegen gesträubt, weil ich immer der Meinung war – es waren bloß eine Mark fünfzig im Monat –, aber ich

war immer der Meinung, ich hatte meinen Beitrag doch schon so lange bezahlt, und das war mehr als 'ne Mark fünfzig.

Aber um nachher nicht aus dieser Brigade ausgeschlossen zu werden – denn es wurde mir ganz klipp und klar gesagt, wenn ich nicht in die »Deutsch-Sowjetische Freundschaft« eintrete, dann muß ich raus –, bin ich dann doch Mitglied geworden.

Schneider: Hatten Sie denn berufliche Nachteile durch diese Zeit in sowjetischen Lagern?

Fratzke: Einmal mußte man immer sehr vorsichtig sein, weil man besonders beobachtet wurde – das merkte man ganz eindeutig.

Und zum anderen – wenn wir jetzt zum Beispiel unseren Betrieb nehmen: Wer 10, 12 oder 15 Jahre im Betrieb war, der kriegte den Facharbeiter zuerkannt; man hat gar nichts dafür getan, aber man wurde eben als langjähriger Mitarbeiter als Facharbeiter eingestuft. Ich war 30 Jahre beim Rat des Kreises, habe meine Arbeit immer, so gut ich konnte, gemacht: Aber ich war und blieb 'ne ungelernte Kraft. Kann einer nach 30 Jahren noch ungelernte Kraft sein, wenn er 30 Jahre lang dieselbe Arbeit macht?

14. September 1992

»Viel zu tun für Künstler«

Der Filmregisseur Jörg Foth
im Gespräch mit Jürgen Schiller

Jörg Foth, Film-Regisseur, geboren 1949 in Berlin. Debüt 1983/84 mit dem Kinderfilm »Das Eismeer ruft«, 1989 folgte der Jugendfilm »Biologie«, 1990 »Letztes aus der DaDaeR«. Regiestudium beim Fernsehen und bei der DEFA, dort auch Regieassistenz. Heute freie Arbeit für Film und Fernsehen.

Schiller: Jörg Foth, Sie sind ein Pankower Kind, in Berlin-Mitte zur Oberschule gegangen und jetzt ein echter Prenzelberger.

An der abgeblätterten Fassade eines einst sicher sehr schönen Hauses leuchtete mir eines Tages in grellem Weiß entgegen: »D – ich hasse Dich«. – Und zwischen zwei Fenstern ein schwarzes Spruchband: »Vorwärts auf dem Marsch durch die Frustration«.

Eigentlich selbstverständlich, daß einem dann sofort ein an einer anderen Stelle gesehenes Graffiti einfällt: »Wessis raus!«

Über zweieinhalb Jahre nach dem Fall der Mauer scheint der Graben zwischen Ost und West tiefer denn je. Mißtrauen scheint mir hier sichtbar zu werden, Unverständnis, zerstörtes Selbstbewußtsein bis hin zur Depression.

Ist das eigentlich alles, was von der Hoffnung übriggeblieben ist, oder ist das jetzt die typische West- oder Ost-Schwarzmalerei?

Foth: Die Hoffnungen im Herbst '89 richteten sich ja nicht gleich und nicht direkt auf den Westen, sondern die Hoffnungen waren vor allem derart, daß man glaubte – auch durch Gorbatschow legitimiert –, die DDR von innen her verändern, verbessern zu können. Daß das eine Illusion war, daß das kleinste Rütteln an diesem Staat jemals seinen Zusammenbruch und seinen Untergang bedeuten würde, das konnte im Osten und wahrscheinlich auch im Westen niemand..., das Tempo dieses Untergehens konnte wahrscheinlich niemand vorausahnen.

Und im Moment gibt es nicht nur ein Erwachen aus dieser Illusion, sondern eine Lähmung, die neue Ursachen hat. Das hängt ganz einfach mit Arbeitslosigkeit zusammen: Wenn die Industrie eines gesamten Landes völlig am Boden liegt und die Arbeitsplätze praktisch verschwunden sind, mit Ausnahme von Verwaltung und – ich weiß nicht – Pommes-Frites-Buden, dann droht Verzweiflung übermächtig zu werden. Besserung ist auch durch die Wohnungslage nicht in Sicht. Wenn man zum Beispiel in Blankenburg, das ist ein Ortsteil von Pankow, wenn man da durch die Kleingartenanlagen geht, da sieht es noch schlimmer aus als mit den Graffitis an den Häuserwänden: Die Leute hängen ihre Laken an den Gärten auf und äußern darauf ihre Angst vor den Entwicklungen.

Schiller: Sie sind im Oktober 1949 geboren. Ist das ein Datum, auf das Sie heute stolz sind?

Foth: Stolz kann ich nicht sagen, ich fand es durch mein ganzes Leben hindurch immer irgendwie kurios: Zuerst hatte immer die DDR Geburtstag, am 7. Oktober, und ich hatte dann gute zwei Wochen später Geburtstag. Es ist schon ein Datum, das einen zwingt, sich und sein eigenes Leben permanent ins Verhältnis zu setzen zu dem, was dieser Staat da getan hat, in dem man aufgewachsen ist.

Schiller: Haben Sie sich denn, wenn ich an dieses Datum denke, irgendwann so richtig als Kind dieses Landes gefühlt, als Kind der DDR?

Foth: Ja, das mußte ich. Also, ich glaube, da hatte ich überhaupt keine andere Chance: Ich bin in Pankow, in der Wollankstraße zur Schule gegangen. Ein paar hundert Meter weiter war die offene Grenze – von der habe ich auch Gebrauch gemacht als Kind, so wie man das mit Taschengeld konnte. Aber die Kindheit in den fünfziger Jahren hat mich geprägt, das muß ich sagen; die Dinge, die dieser Staat verkündet hat, »Völkerfreundschaft«, »Frieden«, das waren Sachen, die haben Kinder beeindruckt, das waren positive Orientierungen, auch als man dann in dem Alter war, wo man befürchten mußte, daß diese Dinge eigentlich zur toten Phrase erstarrt waren. Trotzdem, es war vielleicht eine schwer nachzuvollziehende Toleranz, die man dem Phrasendreschen gegenüber irgendwie geleistet hat. Weil, die Phrasen bezogen sich letztlich auf Dinge, die zu befürworten waren.

Schiller: Nun haben Sie ja schon als Kind, als Heranwachsender, also '58, als es eben noch die offene Grenze gab, zwei Realitäten kennengelernt, nämlich die Gegend, in der Sie gewohnt haben – und dann konnten Sie einfach rübergehen, konnten in Wechselstuben gehen, konnten ein bißchen Taschengeld umtauschen, wenn Sie denn welches hatten, Sie konnten ins Kino gehen, haben eine ganz andere Welt, eine ganz andere Illusion erlebt. Was waren das für Gefühle in einem Kind?

Foth: Das Komische ist wirklich – das klingt vielleicht unwahrscheinlich, aber es war wirklich so, daß diese eine Wollankstraße, an deren Anfang ich in die Schule und an deren Ende ich ins Kino gegangen bin, dieser eine Meter, wo der Posten stand und wo das Pappschild stand, auf der einen Seite so, auf der anderen Seite anders beschriftet – diese eine Wollankstraße war für mich eine Welt. Es war eine durchlässige Stelle, man konnte durchgehen. Sicher, man hat gesehen, daß irgend jemand kontrolliert wurde, und man hat gehört, jemand hat Eier geschmuggelt oder einen Fotoapparat – aber das waren alles komische Details, die diese Straße nicht geteilt haben. Sicher – da sahen die Polizisten so aus, und da sahen sie so aus; da sah das Geld so aus, da sah es so aus. Und trotzdem: Man konnte diese Straße langgehen, und auch Kinder, Jugendliche, und Erwachsene wahrscheinlich sowieso waren in der Lage, die verschiedenen Gesichter dieser einen Straße als die eine Welt zu nehmen, in der wir gelebt haben.

Schiller: Ja, und dann kam dieser brutale Schnitt '61.

Foth: Das war..., das war sozusagen unvorstellbar.

Ich befand mich mit meinen Eltern auf einem Zeltplatz in der Nähe von Neuruppin im August '61. Ich glaub', wir haben zuerst die Meldung von Gagarin gehört, kann das sein? Da liefen alle Kofferradios auf dem Zeltplatz, alle waren begeistert. Und kurz danach traf die Meldung ein, daß in Berlin die..., die Mauer gebaut ist! Wir konnten es uns nicht vorstellen, daß mitten in der Straße eine Mauer steht beziehungsweise sogar Straßen dann der Länge nach halbiert wurden, daß die eine Straßenseite der Länge nach zum Osten gehört, die andere der Länge nach zum Westen.

Also, das waren Sachen, die man sich auf die Entfernung überhaupt nicht vorstellen konnte, gerade weil man – trotz der Spaltung, trotz des Kalten Krieges, trotz der verschiedenen Besatzungszonen – es immer irgendwie als eins empfunden hat.

Schiller: Haben Sie Ihren Eltern in dem Moment Fragen gestellt? Haben Sie Antworten gekriegt?

Foth: Nein, eigentlich nicht. Mich hat wirklich beschäftigt, als ich dann im September erst mal vom Zeltplatz zurückgekommen bin, daß ich Freunde nicht wiedergefunden habe, auf der Straße Spielgefährten gefehlt haben; und ab 1. September in der Schule fehlten Kinder aus der Klasse, und dafür saßen da andere Kinder, die bis zum 1. September oder bis zum 13. August auf der West-Berliner Seite zur Schule gegangen sind.

Also, die Kinderwelt ist anders sortiert worden, und das hat mich eigentlich beschäftigt.

Schiller: Wie ist diese Kinderwelt anders sortiert worden, und wie sind Sie mit diesem anderen Sortiment im Inneren auf einmal fertig geworden?

Foth: Dieser..., dieser August '61 war der früheste Punkt, wo irgendwie unausgesprochen die Frage aufgetaucht ist: Bleibt man oder geht man? Das hat man sich zwar als Elfjähriger nicht so klar gefragt, aber wenig später, auf der Oberschule, gab es dann natürlich diese Diskussion: Schwimmt man irgendwo durch die Donau, oder bleibt man. Insofern ist die Frage, die dann immer wieder auftauchte, in bestimmten historischen Phasen sowieso – Biermann-Ausbürgerung oder das Ignorieren von Gorbatschows neuer Politik –, mit dieser Frage hat man wirklich seit August '61 gelebt: Bleibt man und versucht im Land das Beste, oder läßt man's sausen und geht woanders hin.

Schiller: Nun waren Sie dann an der Oberschule in Berlin-Mitte in der Zeit zwischen '64 und '68, also in jener Zeit und jener Phase, die man immer so gerne mit »Protestkultur« umschreibt: Es gab die Riesendemonstrationen, es gab die Studentenbewegungen. Hat das irgendwie auf Sie abgefärbt, hat das den Menschen mitgeformt, oder waren Sie in Ihrer sozialistischen Kultur, wenn ich das jetzt mal so nennen darf, so abgeschottet, daß das überhaupt nicht mehr eingewirkt hat?

Foth: Nein, wir – also nicht nur ich, sondern sehr viele Oberschüler – haben uns sehr verwandt gefühlt mit diesen Dingen, die von West-Berlin und über Paris bis New York geschehen sind. Wir hatten wirklich das Gefühl, daß das so was wie Brüder und Schwestern sind, die da für eine andere Welt auf die Straße gehen. Das führte zu Schwierigkeiten in der Oberschule sehr komplizierter Art. Man versuchte diese Protestkultur dadurch einzuschränken, daß Äußerlichkeiten verboten wurden: lange Haare, diese grünen Mäntel, die Jeans. Also, man sollte plötzlich nach außen hin ein braves Benehmen dokumentieren, und wer sich nicht daran hielt, war sehr gefährdet, die Oberschule vorzeitig verlassen zu müssen. Unter den Lehrern, muß ich aber sagen, war zu diesem Zeitpunkt auch noch mehr Verständnis und Solidarität mit diesen Entwicklungen in der Jugendkultur, als es dann wahrscheinlich später in den 70er Jahren war.

Schiller: Dieses brave Benehmen, das man versuchte Ihnen beizubringen – daß man gesagt hat, du mußt die und die Kleidung tragen, das und das darf nicht sein, lange Haare nicht, Bart nicht und das auch nicht –, hat das dann auch auf das Innere abgefärbt? Denn ich frage mich natürlich: Wenn man so von dieser Protestkultur fasziniert war, weshalb hat's da nicht die gleiche Protestkultur in Ost-Berlin und in der übrigen DDR gegeben?

Foth: Es gab ja eine..., eine Jugendrevolte, die sich natürlich im August '68 dann auch artikuliert hat.

Ich hab' die Oberschule im Juni beendet. Dadurch gehörte ich im August '68 gerade zu keiner Institution – ich war da zum ersten Mal in meinem Leben bei der Deutschen Post tätig.

Und nach dem August '68 war dann auch klar, daß sehr viele Leute versuchen werden, die DDR zu verlassen.

Schiller: Es beantwortet mir noch nicht die Frage: Weshalb hat es nicht den Aufschrei gegeben, wenn man so fasziniert war von dem, was auf einmal dieser verteufelte Westen getan hat – nämlich zu protestieren und seine Meinung zu sagen, Flagge zu zeigen?

Foth: Es war..., es war ja auch verflixt, weil die westliche Protestbewegung richtete sich gegen Dinge, von denen die DDR staatlicherseits behauptete, daß das genau die eigenen Ziele sind – also Ausbeutung und Vietnam, ein ganz wichtiges Thema.

Und es war sehr kompliziert, sich solidarisch zu erklären mit einer Protestbewegung der anderen Seite und sich gleichermaßen zu distanzieren von den Vereinnahmungsversuchen, die es ja gegeben hat, besonders im Zusammenhang mit den Welt-Festspielen 1973, wo Angela Davis sprechen durfte.

Also, man hat gewußt, daß es irgendwie falsche Karten sind, und trotzdem empfand man sie ja eigentlich als die richtigen. Das war ein..., ein Dilemma, in das jeder geraten ist, der Teil der westlichen Protestbewegung sein wollte und in der DDR eigentlich zu Hause war.

Schiller: Und wann kam das Bewußtsein, wann kam diese Erkenntnis, daß eben da wirklich mit gezinkten Karten gespielt worden ist, daß man von einer, ich sag' jetzt mal so salopp, Clique alter Männer beherrscht wurde, die nur in die eigene Tasche gewirtschaftet hat?

Foth: Der letzte Zweifel... – also die Biermann-Affäre war sicherlich der deutlichste Beweis, nachdem es kurz vorher – zwei, drei Jahre vorher – ja noch hieß, daß alles liberaler wird und daß auch die Künstler eigentlich in den Theatern sagen können, was sie auf dem Herzen haben, daß Kritik möglich sein wird und nachdem in der Bildenden Kunst auch wirklich enorme Dinge passiert sind. Aber der allerletzte Beweis war dann – sicherlich zu spät – die Distanz zu Gorbatschow, die die DDR-Regierung nicht nur eingenommen, sondern praktisch von Jahr zu Jahr noch verschärft hat.

Schiller: Gab es, wenn Sie heute darüber nachdenken, an bestimmten Punkten Momente, wo Sie das Gefühl hatten: Ich müßte auf die Straße gehen, ich müßte das rausschreien, was mich wirklich bewegt, oder sogar, ich muß dieses Land verlassen?

Foth: Es war nie..., also es hat wahrscheinlich nie so meiner Natur entsprochen, auf die Straße zu gehen und zu schreien. Ich habe es immer für möglich gehalten oder für nötig gehalten, innerhalb... – also im Westen hieß das ja dann am Ende der 68er Zeit auch »der lange Marsch durch die Institutionen« –, und so ein ähnliches Konzept hatte ich mir auch versucht hinzulegen. Ich habe immer gedacht, man muß im Land sein und von innen heraus versuchen, etwas zu bewegen. Und vielleicht sogar dann, Anfang der achtziger Jahre, habe ich das mehr praktiziert als zuvor, indem ich im Filmverband Funktionen übernommen und mich da verantwortlich für Nachwuchsarbeit und so was gefühlt habe.

Und das aber auch nur bis Anfang '88: Da habe ich dann alles hingelegt und hab' auch die DEFA verlassen für eine kurze Zeit.

Schiller: Sprechen wir über Ihr Elternhaus. Ihr Vater war Jurist, also dem Staat gegenüber in ganz besonderem Maße verpflichtet. Sind Sie deshalb ein besonders guter und treuer Staatsbürger der DDR gewesen?

Foth: Ich hatte manchmal das Gefühl, wenn es auf der Oberschule zum Beispiel disziplinarische Schwierigkeiten mit mir gab...

Schiller: Was waren das für Schwierigkeiten?

Foth: Ja, eben diese Dinge mit den langen Haaren und mit dem Parka und mit den Jeans und so.

Ich bin manchmal das Gefühl nicht losgeworden, daß so 'ne Verwandtschaft komischerweise wieder Dinge lindert, die anderen eventuell härter angerechnet worden wären, das kann sein.

Aber ansonsten kann ich nicht sagen, daß ich durch diese Arbeit meines Vaters ein besonders sentimentales Verhältnis zur DDR entwickelt habe. Bei dem, was mein Vater in den sechziger und einem Großteil der siebziger Jahre getan hat, handelte es sich, soweit ich das begreifen konnte, vor allem um Aufklärung von Nazi-Straftaten im Zweiten Weltkrieg. Dafür war er sowohl in Polen als auch in der BRD tätig, indem er Akten von dort nach dort transportiert hat und sich um die Beglaubigungen kümmern mußte. Später, als diese Arbeit eigentlich getan war, war er in einer Kommission tätig, die sich um ein Rechtshilfeabkommen zwischen der BRD und der DDR bemüht hat. Daraus ist dann nichts geworden in den 80er Jahren, und dann ist er auf schnellstem Wege in die Rente gegangen, weil er mit seiner Arbeit auch nicht glücklich war, wie ich vermuten darf; jedenfalls machte er oft den Eindruck.

Schiller: Die Tätigkeit, Nazi-Kriegsverbrechen mit aufzuklären, das muß doch einen Jugendlichen sehr stark beeindruckt haben. Aber dann dieses Elternhaus: Auf der einen Seite der Vater, der Jurist, der dem Staat gegenüber ganz besonders verpflichtet war, auf der anderen Seite die Mutter, von der Sie mir gesagt haben, »politisch überhaupt nicht engagiert« – sie kriegte schon eine Gänsehaut, wenn sie nur das Wort Politik hörte.

Wie ist dieses Verhältnis zwischen Feuer und Wasser, in dem man da groß wird?

Foth: Die Gänsehaut bekam sie bei Wohngebietsumzügen, bei denen Fackeln eine Rolle spielten oder eine Blaskapelle vorneweg marschierte; oder bei Pionieraufmärschen und bei diesen militanten Seiten der Großveranstaltungen in der DDR – da bekam meine Mutter eine Gänsehaut. Und, es klingt wahrscheinlich wieder irgendwie exotisch, aber dieses Elternhaus mit der politischen Tätigkeit meines Vaters und der unpolitischen Lebensweise meiner Mutter – auch das war für mich wie die Wollankstraße. Es war die Welt, in der wir uns befunden haben, in der wir groß geworden sind. Ich war in der Lage, beides zu verstehen, beides als das eine, das mir gehört und das mich prägt, anzunehmen.

Schiller: Dieser Wunsch dann irgendwann, Filme machen zu wollen, Regisseur zu werden: War das auch der Versuch, sich in eine Scheinwelt hineinzubegeben, wo man nur träumen konnte, wo die Realität nicht ganz an einen herankam?

Foth: Nein. In der Oberschulzeit war Kunst – an erster Stelle Theater, Deutsches Theater, Berliner Theater, neben Ausstellungen, Kunstausstellungen – Kunst war etwas sehr, sehr Brisantes in der DDR. Wir sind auch als Oberschüler ohne Zwang nach Dresden gefahren in die Kunstausstellung.

Und als ich mich sehr spät, nämlich nach meiner Armeezeit erst, entschlossen habe, so etwas zu versuchen... – warum es dann genau Film, Kino geworden ist, ist ein Thema für sich, das hat sicherlich damit zu tun, daß Kino das komplexeste ist: Musik, Theater, Tanz – das war alles gleichberechtigt enthalten; es ist sicherlich dann dieses technische Medium geworden, weil mich die Einzeldisziplinen, die im Kino münden, in der Oberschulzeit so beeindruckt haben.

Und dieser Wunsch, Kunst oder Kino zu machen, ist

sicherlich entstanden, weil ich ahnte, daß das der möglicherweise glücklichste Weg ist, innerhalb der DDR Dinge zu erreichen.

Schiller: Lassen Sie uns dieses Gespräch beenden mit zwei Reflexionen über zwei Filme von Ihnen.

Ihr letzter Film »Letztes aus der DaDaeR«, mit den Bildern von Steffen Mensching und Hans-Eckardt Wenzel, liefert eigentlich die Glosse des Narren zu den Ereignissen des Jahres 1990. Wie würde der Film »Die ersten Tage im neuen Deutschland« aus der Clownsperspektive aussehen?

Foth: Ich glaube, dieser Film »Letztes aus der DaDaeR« war historisch, vielleicht sogar künstlerisch, nur in dieser historischen Lücke zwischen DDR und BRD möglich. Diese spezielle Formensprache, die wir da gefunden haben, dieses an der Revue orientierte Clownsspiel war ein glückliches Konzept für dieses Jahr, und als solches, denke ich, wird es auch ein Dokument bleiben. Aber die neuen Ängste, auch Hoffnungen, Träume, Möglichkeiten, Chancen des..., des neuen Deutschlands, sagen wir mal des Deutschlands der Einheit – denn das neue Deutschland hat für uns auch noch so einen anderen Beigeschmack –, also diese Chancen, aber auch die Gefahren der Einheit, kann man, glaube ich, in der Art nicht reflektieren; jedenfalls ich könnte es nicht. Ich habe es versucht im letzten Jahr mit einem Unterhaltungsfilm für das ZDF. Das Echo war nicht allzu glücklich darauf. Das Kriterium heißt jetzt Einschaltquote, und die war nicht so günstig wie diese Montagabend-19-Uhr-30-Produktionen es normalerweise wohl sind. Ich bin jetzt auch in einer Gruppe von ehemaligen DEFA-Regisseuren und DDR-Autoren, die eine fünfteilige Reihe für das ZDF erarbeitet haben in diesem Frühjahr. Das wird im November gesendet, wahrscheinlich Sonntag nachmittags, und ich habe da auch etwas inszeniert, was sehr mit den neuen Befindlichkeiten zu tun hat.

Schiller: Jetzt komme ich auf einen Film von 1984 zurück, den Kinderfilm »Das Eismeer ruft« – das war Ihr

Debüt. Kurz zum Inhalt: Im Frühjahr '34 bangen Menschen aus vielen Ländern um das Leben der Besatzung des im Eismeer eingeschlossenen Forschungsschiffes »Tscheljuschkin«. In der Harrantgasse von Prag macht sich eine Kindergruppe auf, um den Schiffbrüchigen zu helfen. Und vor diesem Hintergrund haben Sie gesagt: »Für mich ist es sehr, sehr wichtig: Welche Welt übergeben wir unseren Kindern, mit welchen Träumen statten wir sie aus.«

Welche Welt übergeben Sie persönlich Ihren Kindern heute, mit welchen Träumen haben Sie sie, jetzt im Jahr 1992, ausgestattet?

Foth: Als ich 1983 den Film gedreht habe, Anfang '84 hatte er Premiere, war das die Zeit, in der Gorbatschow zwar noch nicht der Präsident war, aber die Dinge, die er mitgebracht hat, die waren im Entstehen. Und es war klar, daß es irgendwie ums Ganze geht. Und von heute aus darf man diese Dinge letztlich auch nicht als Mißerfolg empfinden, denn sie haben die gewaltigste Veränderung bewirkt, die überhaupt in diesem Jahrhundert, in der zweiten Hälfte des Jahrhunderts, nach dem Krieg, möglich gewesen ist.

Heute steht diese Frage nach den Träumen unverändert, nur unter anderen Vorzeichen. Diese Frage bezieht sich heute auf die Qualität, auf die Kultur der deutschen Einheit. Und ich glaube, daß es da für Kulturleute, für Künstler, sehr viel zu tun geben wird, damit die Kultur und die Kunst einfach anwesend bleiben in diesem Vorgang der Vereinigung.

Denn sonst – wie wir das ganz am Anfang schon durch Graffiti-Zitate gehört haben – droht aus der Einheit eine Bluthochzeit zu werden, und ich denke, daß es Möglichkeiten gibt, das zu verhindern.

Schiller: Sehen Ihre Kinder das auch so?

Foth: Ja.

21. September 1992

»Politikfähigkeit von Musik«

Frank Schneider, Intendant des Schauspielhauses,
im Gespräch mit Christa Müller

*Prof. Dr. Frank Schneider, geboren 1942 bei Dresden,
Musikwissenschaftler. 1960–64 Kapellmeisterstudium
an der Dresdener Musikhochschule, dann Wechsel zum
Studium der Musikwissenschaft an der Humboldt-Uni-
versität Berlin (HUB). Ab 1968 Arbeit im Komponi-
stenverband, Assistenz an der HUB, Promotion, wegen
Nicht-SED-Mitgliedschaft keine Professur. Arbeit als
Dramaturg an der Komischen Oper. Bis zur Wende wis-
senschaftlicher Mitarbeiter am Institut für Ästhetik und
Kunstwissenschaften der Akademie der Wissenschaften,
ab Herbst 1989 Direktor dieses Institutes. Seit März 1992
Intendant des Schauspielhauses Berlin und des Berliner
Sinfonie-Orchesters.*

Müller: Das von Schinkel erbaute Schauspielhaus am
Gendarmen-Markt ist eine der traditionsträchtigsten
Stätten in Berlin. Nun ist der Name »Schauspielhaus«
für manche Leute noch immer irreführend. Das Schauspielhaus ist ein Konzerthaus: das prunkvollste und
prächtigste, das Berlin hat – neben der Philharmonie die
zweite große Konzertstätte.

Frank Schneider, Sie sind heute genau 56 Tage im
Amt als Intendant des Schauspielhauses und des Berliner Sinfonie-Orchesters. Sie galten, so las und hörte
man das überall, als der Wunschkandidat des Kultur-
senators Roloff-Momin. Am 11. März erfolgte dann endlich Ihre feierliche Amtseinführung. Hätten Sie eine solche Berufung, ein solches Amt auch von Erich Honecker
angenommen?

Schneider: Also, ganz gewiß hätte ich das nicht! Die Frage ist, zu dem Zeitpunkt als das möglich gewesen wäre, an mich natürlich nicht herangetragen worden, weil ich für Funktionen höherer Art in jenem Lande schlichtweg nicht in Frage kam. Ich galt ja sogar als Feind des Schauspielhauses und hatte sogar so etwas wie Schreibverbot, selbst für Programmhefttexte.

Ich focht ja ästhetisch für eine Sache, die zunächst mal – ganz simpel – für das Schauspielhaus nicht im Mittelpunkt stehen sollte. Und das war Neue Musik. Ich hätte im übrigen dieses Amt auch nicht angetreten, wenn es die Wende nicht gegeben hätte. Ganz logisch ergab sich für mich eine gewisse Bilanzsituation dadurch, daß ich mich vorzüglich mit avancierter Musik aus der DDR beschäftigt hatte, und diese DDR gab es nicht mehr. So war eine Denkpause eigentlich gegeben, durch die geschichtlichen Umstände. Und just in diesem Moment kam dann ein Anruf des Senats, und nach 24 Stunden war ich bereit, das zu machen, weil ich ohnehin bereit war, etwas Neues zu tun.

Müller: Sie haben sich in Büchern, Aufsätzen, Essays für Neue Musik eingesetzt, für DDR-Komponisten, Wiener Schule, Schönberg, Musik des 20. Jahrhunderts. Wo lag da der politische Stachel?

Schneider: Der politische Stachel lag für weite Bereiche der Neuen Musik des 20. Jahrhunderts in der repressiven Art ihrer Behandlung, ihrer Wahrnehmung innerhalb der DDR beziehungsweise der kulturpolitischen Träger. Ich wollte eigentlich mithelfen, daß da ein Stück normale Pluralität in das Land kommt; und ich hatte glücklicherweise komponierende Generationsgenossen, denen ich helfen wollte. Ich hab' dann mein musikwissenschaftliches Handwerkszeug benutzt, um diesen Komponisten in der Öffentlichkeit Stimme zu geben. Es war für mich kein Punkt von Widerstand gegen irgend etwas – das ergab sich indirekt: Ich wollte Vielfalt, ich wollte Normalität. Ich wollte den Leuten, die ich für gut, für kreativ, für großartig hielt, den ihnen zukommenden Platz mit verschaffen helfen. Und, ich muß auch mal sagen, wenn ich die Gesamtsituation bedenke: Es gab zwar furchtbare Situationen, es gab auch Härtefälle, aber es gab in der Musik doch auch immer so was wie eine Solidarität unter Musikern und jedenfalls im Komponistenverband nicht jene Art von Auseinandersetzungen, wie wir sie vom Schriftstellerverband jetzt erfahren. Das hing damit zusammen, daß der Verband im Leben der Komponisten nicht diese existentielle Rolle spielte, weil es immer Außenpartnerschaften gab: Der Rundfunk war eine Stelle; und dann mußte man schlicht zu Orchestern gehen oder in ein Haus wie die Komische Oper und gespielt werden. Und da gab es – schon aus dieser natürlichen Gegnerschaft zu diesen Blödianen da oben – eine Solidarität mit Musikern, die man manchmal auch ästhetisch gar nicht mochte, weil man ja wußte: Einen Bredemeyer, einen Katzer, einen Goldmann da aufzuführen, das ist immer ein kleines Politikum gewesen.

Also, es war schwierig – aber ich würde nachträglich auch nicht sagen, daß wir Helden waren, daß das immer in erster Linie ein Kampf sozusagen aus hochpolitischen Motiven war. Das war in Elementen auch ein egoistischer Überlebenskampf. Aber das stellte sich dann nachträglich heraus, daß wir schöne Siege errungen haben. Weil zum Beispiel die Komponisten, die ich für gut hielt, die die offizielle Seite für schwachsinnig oder für verfehlt hielt, halt immer noch da sind, und das sind jetzt auch die besten.

Müller: Der Titel eines Ihrer Bücher heißt »Welt, was frage ich nach Dir«. Es sind dies politische Porträts großer Komponisten von Monteverdi bis Luigi Nono. »Welt, was frage ich nach Dir« ist eine von Brahms vertonte Liedzeile. Ich nehme an, daß Sie diese nicht zufällig als Titel gewählt haben. Beschreibt das etwa Ihre Situation, in der Sie sich damals befanden: eine freiwillige Isoliertheit, Abschottung auch, um die eigene Kreativität zu erhalten?

Schneider: In der Tat habe ich auch hier wieder einen polemischen Ansatzpunkt gehabt. Reden wir mal nicht von dem Titel – der ist ja hinreichend mehrdeutig. Hier ging es mir erstens darum, die Überzeugung nachzuweisen, daß Musik und Welt eine nachfragbare Beziehung eingehen. Und der polemische Punkt ist, daß man in der DDR oder bei der marxistischen Musikwissenschaft ja schon vor das Fragen immer die Antwort gesetzt hat und genau wußte, nicht nur wie sich Musik zur Welt verhält, sondern wie die Musik beschaffen sein muß, die die für richtig gehaltene Welt auch noch mal sozusagen auf angenehme Weise illuminiert.

Daß das so nicht funktioniert, war mir frühzeitig klar, und ich wollte dann peu à peu systematisch bei großen Komponisten der älteren und neueren Musikgeschichte einmal wissen, wie ihr Verhältnis zur Welt, also ihr politisches Verhältnis, sich eigentlich artikuliert hat. Und da war es mir wichtig zu zeigen, daß sich diese Beziehung zwischen Musik und Politik – Musikgesellschaft, Musikleben überhaupt – eben nicht vorrangig über die deklarative Ebene vollzieht, über Absichtserklärungen oder über »shake-hands« mit Regierungen der jeweiligen Staatsform, sondern daß sie in mannigfaltigsten Formen präsent sein kann, unter anderem eben auch in sehr subtilen Formen von Widerstand.

Also, hier hab' ich sozusagen die historische Dimension benutzt, um die aktuellen Verhältnisse zu kritisieren und zu widerlegen. Fazit: Politikfähigkeit von Musik erweist sich zunächst einmal an Fragen ihrer eigenen Künstlerschaft, ihrer Qualität und nicht so sehr in Überschriften oder in Texten oder in ganz flach verstandenen Zuordnungen zu bestimmten, gewünschten Funktionen – Festtagen, Feiermusik, Sportfesten und dergleichen.

Also, auch dieses Buch hatte diesen Stachel in der Tat. Ich wollte eigentlich die Verhältnisse, wie sie waren, kritisieren und letztlich auch blamieren.

Müller: Lassen Sie uns doch mal eine Rückblende auf Ihre eigene Biographie machen. Sie sind 1942 in einem kleinen Ort bei Dresden geboren, wahrscheinlich 1949 im Gründungsjahr der Deutschen Demokratischen Republik...

Schneider: Exakt!

Müller: ... eingeschult worden. Beschreiben Sie doch mal Ihre Kindheit.

Schneider: Das war die reinste Idylle: auf dem Lande aufgewachsen, in meiner Erinnerung völlig unbeleckt von der politischen Dimension jener Jahre, also dem damals noch akuten Stalinismus. Ich war ein Arbeiterkind, lebte bei einem Großbauern. Da gab es noch Knechte und Mägde. Das war so eine Landwirtschaft von 20 Hektar. Meine Mutter mußte in dieser Landwirtschaft mitarbeiten, mein Vater war Kraftfahrer, ich war viel allein zu Hause. Und da stand ein Klavier in der Bauernstube, einfach als dekoratives Element – das gehörte dazu zu einer sächsischen Bauernfamilie. Ich hab' dann auf dem Dorfe meine erste Klavierlehrerin gehabt; über Weihnachtslieder und solche Musikalben mit furchtbaren Stücken bin ich dann als Pianist ins Schulorchester gekommen. Ich war natürlich Junger Pionier, und das war alles in meiner Erinnerung sehr schön, sehr aufregend.

Ich war leider ein sehr guter Schüler, ich hatte keine Probleme mit der Schule. Meinen ersten Konflikt, den gab es mit dem Pfarrer, weil wir Jungens natürlich auf dem Kirchturm mal diese Glocken läuten wollten. Und wir haben so vormittags, halb elf, in einer Schulpause diesen Turm erstiegen, das Seil losgebunden und die Glocken geläutet. Das war ein schlimmes Vergehen auf dem Lande, weil ja dort immerhin noch die Glocken zu bestimmten festlichen Zeiten läuteten – also natürlich genau mittags um zwölf Uhr, um den Bauern auf den Feldern zu zeigen: Jetzt ist Pause! – Und ich war ja Teilnehmer der Christenlehre! Da bin ich dann hinausgeworfen worden mit drei anderen Schülern, so daß ich dadurch – weil meine Eltern natürlich auch einen feierlichen Abgang von der Grundschule haben wollten – zur Jugendweihe gekommen bin.

Also, das war ganz schön. Aber es gab solche Dinge ..., daß ich mir zum Beispiel zu Ostern gewünscht hatte, Shakespeare zu lesen, und im Osternest fand sich dann eine damals sehr preiswerte dreibändige Shakespeare-Ausgabe. Es ist eine absurde Situation, noch heute: Ich saß immer zu Hause und las Shakespeare, und dann ertönte vom Bauernhof plötzlich mal ein Pfiff, und ich mußte zum Kornpuppen aufs Feld. Ich wurde also auch in die Landwirtschaft einbezogen, hab' mich dann aber auch gelegentlich lösen können, auch zum Ärger meiner Mutter, die zum Beispiel entdeckt hat, daß ich Klavier übte, obwohl ich nur so mit der linken Hand die Tasten bewegte, während ich das »Decamerone« von Boccaccio las.

Aber meine Eltern merkten, daß ich so gewisse, in einer Landwirtschaftsgegend absonderliche Neigungen hegte. Ich malte auch gern.

Es gab in der DDR diese Bewegung der »Jungen Talente«, und über diese Bewegung bin ich dann in der Oberschulzeit zu irgendwelchen Preisen gekommen, als klavierspielendes Talent.

Und glücklicherweise kam – ich besuchte die Musikschule – ein junger Direktor dahin, der meinte, ich müsse auf jeden Fall Musik studieren; das habe ich akzeptiert und habe wie ein Pferd geübt, habe mir einen besseren Klavierlehrer geholt und meine Leistungen in der Oberschulzeit dann einfach absacken lassen, weil ich sehr klar wußte: Ich werde Musiker.

Müller: Sie gingen nach Dresden und studierten an der Dresdener Musikhochschule.

Schneider: Ich hab' an der Dresdener Musikhochschule vier Jahre Kappellmeister studiert, und da zeigte sich dann im vierten Studienjahr vor dem Orchester, daß ich eine angeborene Sehschwäche hatte, und ich hatte Schwierigkeiten, mit den Musikern in den hinteren Reihen eines großen Orchesters Kontakt zu halten. Und dann kam der erste große Lebensknick: das Wechseln zur Theorie, zur Musikwissenschaft. Ich bin nach Berlin gefahren, wurde aufgenommen und hab' dann vier Jahre, bis 1968, Musikwissenschaft an der Humboldt-Universität studiert – zufälligerweise; und das hat meinen Lebensweg dann schon auch bestimmt: Ich studierte mit einem anderen Studenten der Dresdener Musikhochschule, der aus ganz anderen Gründen auch Musikwissenschaft studieren wollte, nämlich weil er den Armeedienst umgehen wollte – es ist der heute doch hinlänglich bekannte Komponist Friedrich Goldmann, Professor an der Hochschule der Künste.

Müller: Das war also 1968, da war der Einmarsch der Warschauer-Pakt-Staaten in die ČSSR.

Schneider: Das war mein erster Arbeitstag.

Müller: Was haben Sie damals empfunden?

Schneider: Nun, damals war ich politisch immerhin schon so reif, daß ich Entsetzen, Abscheu und Ekel empfunden hatte. Das war ein Sonntag, und Montag, der 21. August '68, war mein erster Arbeitstag im Komponistenverband, und der begann mit einer Vollversammlung vor einem Fernsehschirm. Ich weiß nicht mehr – irgend jemand hielt eine Ansprache, Ulbricht oder so, und es gab eine politische Kommentierung von Verbandsfunktionären, und das hat mich schon geprägt: Da war vom ersten Tag an eine Art innerer Dissens in diesem, gerade in diesem ersten Job.

Dort hab' ich aus Verzweiflung eigentlich nur mit Kollegen, wie sagt man auf deutsch, gegammelt. Nach einigen Jahren in diesem Komponistenverband bin ich zurückgegangen zur Humboldt-Universität, war dort Assistent, hab' Vorlesungen gemacht zur Neuen Musik und hab' dort promoviert, naja, und dort kam der nächste Punkt: Da ich nun nicht in der Partei war, aber, nachdem man promoviert war, ja die Frage stand: »Was wird mit so einem Typ an der Hochschule?«, da gab's dann die Möglichkeit einer normalen akademischen Karriere, also des Aufstiegs bis zu einer Professur, aber die war halt nur sozusagen mit Parteimitgliedschaft möglich. Und als mir der damalige Direktor sagte, dann könne ich doch wohl nur ewiger Assistent bleiben, was ich nicht bleiben wollte, hab' ich gesagt: »Gut, dann verabschiede ich mich hier.«

Und dann ging ich, wie das damals so schön hieß »in den vierten deutschen Staat«, in die Komische Oper, zu Walter Felsenstein.

Da war eine Dramaturgenstelle vakant. Ich erinnere mich unauslöschlich an dieses Einstellungsgespräch mit Felsenstein, wo wir uns, ohne uns natürlich näher zu kennen, rauf und runter über die Kultur der DDR lustig gemacht haben. Und er hat mich eingestellt. Allerdings, als ich dann anfing im Herbst, war er tot.

Aber diese Jahre an der Komischen Oper waren natürlich wunderbar, da war von Politik wenig die Rede. Es gab ja nur eine ganz kleine Parteigruppe, und die Genossen dort trauten sich, glaub' ich, nicht mal, das Parteiabzeichen zu tragen. Also, zu sagen hatte die Partei an diesem Hause nichts.

Ich hab' dort herrliche Jahre verbracht, sehr intensive Jahre, auch sehr anstrengende mit dem Nachfolgeintendanten Joachim Herz; das war nun so eine Art »Renaissancefürst«, der seine Untergebenen ganz schön schikanieren konnte, und ich bin dann ja auch von Herz aus dieser Oper entlassen worden.

Müller: Ich möchte noch ein anderes Datum nennen, was in diese Zeit fällt: 1976 – Biermann-Ausweisung! Ich glaube, sie hat uns alle tief ins Mark getroffen.

Schneider: Ja, das war für uns alle in der Tat eigentlich die Wende.

Mir war schon klar, daß mit der Biermann-Ausweisung die letzten Hoffnungen auf eine Reformierbarkeit, namentlich im kulturellen Gebiet, geschwunden waren. Und von da ab eigentlich gab's so etwas wie einen Rückzug auf das Fach, auf dann ganz ernsthafte musikologische Bemühungen. Und ich glaube, das war dann auch in der Zeit, wo wir uns in kleinen Kreisen getroffen haben und uns verständigt und getröstet haben. Und man hat sich da natürlich Verbündete gesucht.

Es gab damals die verrücktesten und auch widersprüchlichsten Situationen. Da war einerseits so eine Figur wie Paul Dessau. Dort traf sich die musikalische Welt, dort konnte man Kontakte finden, und es ging, so weit ich mich erinnere, doch auch ohne alle Scheuklappen im Denken vor sich.

Dort konnte man also die Neue Musik der Welt hören

und über alles ganz offen diskutieren. Und das war für die Jungkomponisten ganz wichtig, zumal sich Dessau, der durch seine Biographie ja noch sehr gute persönliche Beziehungen zur höchsten Spitze der Partei hatte, dann auch eingesetzt hat, um mal das eine oder andere mißliebige Werk aufzuführen oder auch mal den einen oder anderen Komponisten vor allzu argen Nachstellungen zu schützen.

Im übrigen darf man nicht glauben, daß – zumindest im kulturellen Bereich – die sogenannte Herrschaft, die Parteispitze, einig war. Wir lebten gelegentlich auch von Widersprüchen da oben.

Und ich kann mich sehr wohl erinnern, daß ein Komponist wie Ernst Hermann Meyer mir ein Rundfunkverbot einbrachte und sein Namensvetter Martin Meyer aus dem Kulturministerium mich auf der Straße traf und sagte: »Schreib' doch noch mal was gegen Meyer.«

Wenn man ein bißchen aufpaßte, merkte man, wo da ein Freiraum war.

Und dann konnte man etwas aufs Spiel setzen.

Meine Grunderfahrung ist, daß trotz aller Schwierigkeiten... – ich bin der DDR natürlich auch böse, daß sie mich unsäglich viel Kraft und Zeit gekostet hat, um das zu machen, was ich gemacht habe. Das war unnormal: Also ich mußte arbeiten, arbeiten, schreiben, schreiben, schreiben und Tage, Stunden eben halt gegen borniertes Argumente, gegen unsinnigste Vorstellungen über richtige Musik und so weiter ankämpfen.
Das hat Zeit und Kraft gekostet.

Müller: Haben Sie mal Gedankenspiele gemacht, von dort wegzugehen?

Schneider: Die hat jeder gemacht, und diese Fluchtträume gab es schon. Trotzdem muß ich sagen: Auch ich hatte letztlich diesen moralischen Punkt, weil ich wußte, daß ich mit meiner Art zu sein und zu denken und zu schreiben vielen Menschen sogar eine Art Lebenshilfe gegeben habe, daß ich da eigentlich bleiben müßte und weiter dafür dasein sollte, weil ich nämlich auch wußte, daß man manchmal weiter gehen konnte, als es viele wagten und glaubten, daß es geht.

Aber auch das war kräftezehrend. Ich meine, ich konnte ja dann in den letzten Jahren reisen, und wenn Sie darauf anspielen, daß ich sozusagen bei einer der Gelegenheiten, die ich ja durchaus hatte, hätte bleiben wollen – dann eher nicht.

Das aggressive Moment stellte sich, wenn ich das mal so sagen darf, zu Hause ein. Da gab es schon öfter diesen Impuls: »Ach, das hat keinen Sinn, das wird nichts mehr. Weg!«

Müller: Trotz dieser Schwierigkeiten, die Sie eben sehr anschaulich beschrieben haben, haben Sie ja eine doch beachtliche und international anerkannte Karriere als Wissenschaftler gemacht. Sie waren zuletzt Direktor des Instituts für Ästhetik- und Kunstwissenschaften an der Akademie der Wissenschaften in Ost-Berlin, bis zu deren Auflösung. Ging das alles so ohne Paktieren mit den Mächtigen?

Schneider: Man mußte nicht paktieren, man mußte taktieren. Und man mußte den Mächtigen gelegentlich die Hand geben, man mußte mit ihnen Gespräche führen. Also, man konnte sie, sozusagen, intern blamieren. Wenn sie sagten: »Also, wir müssen Schostakowitsch spielen«, da konnte man dann schon sagen: »Na, Ihr müßt nicht Schostakowitsch spielen. Es gibt ganz tolle russische Komponisten, die Sie nicht kennen, zum Beispiel Alexander Mossolow«. – »Ah ja!« Sie wollten sich ja dann am Ende auch mit uns schmücken. Und sie brauchten uns.

Übrigens, Direktor des Instituts und Professor wurde ich erst im Herbst '89, als die DDR zu Ende war. Also, ich war dann, als der Direktor gehen mußte, sozusagen der nächste, der das Institut leiten konnte, weil ich das Vertrauen der Mitarbeiter hatte.

Wissen Sie, unsere Zeit ist zu kurz..., das ist nicht schwarz und weiß! Wenn man wußte, was man wollte, war es ja auch kein Problem, gelegentlich über einen Umweg zu versuchen, seine Sache durchzusetzen.

»Paktieren mit den Mächtigen« – natürlich –, aber ich glaube nicht, daß so was... – das muß aber auch jeder für sich selber dann beantworten, weil man ja nicht im luftleeren Raum lebt und die Dinge halt nicht schwarz gegen weiß gesetzt werden.

Müller: Gab es Berührungen mit der Politprominenz?

Schneider: Ich kannte keinen von den oberen Rängen. Mein höchster Kontaktpartner war eine Dame, jene berüchtigte Ursula Ragwitz von der Kulturabteilung des ZK, die mich einmal zu sich rief, um zu fragen, ob ich einen Arzt brauche. Und als ich das verneinte und verwundert nachfragte, meinte sie, Leute wie ich würden dann in den neunziger Jahren noch gebraucht, und dafür solle ich mich doch gesund halten.

Was das Verhältnis zu den Mächtigen oder was die Kontakte anbelangte, so gab es für mich einen Grundsatz, das ist fast ein biblischer: Es ist der Verkehr mit jenen Mächtigen dringlich und sogar notwendig, solange klargestellt bleibt, daß sie herrschen, aber wir die Macht haben.

Müller: »Seid klug wie die Schlangen und ohne Falsch wie die Tauben.«

Dieser Bibelvers fiel mir heute nachmittag ein, als ich in Vorbereitung unseres Gesprächs über Sie nachgedacht habe. Und zwar in folgendem Zusammenhang: Sie haben eine neue Sprache erfunden in der Musikbeschreibung, eine Sprache, die musikalisch verschlüsselte Botschaften offenlegt, die den Hörer befähigt, mit der Musik besser umgehen zu können, geistig in sie einzudringen.

Um das zu veranschaulichen, möchte ich ein kurzes Zitat von Ihnen vorlesen; es stammt aus Ihrer Einführung zur dritten Sinfonie von Friedrich Goldmann, einem sehr exponierten Komponisten aus Berlin-Ost, sie haben ihn vorhin erwähnt. Sie schreiben dort:

»Gegen Ende verschärfen sich die Kontraste. Fragmente der anderen Sätze blenden sich ein. Die exponierten Gestalten schrumpfen, fallen übereinander her, löschen sich gegenseitig aus, ehe das Ganze aus den Fugen gerät und als hinfälliges Wrack zum Teufel geht.«

Die Sinfonie ist von 1986. Hat Goldmann da schon den Untergang der DDR komponiert und Sie ihn gedeutet?«

Schneider: So präzise haben wir es sicherlich nicht gewußt, aber wenn wir es nicht gewußt haben, haben wir vielleicht gehofft; und vielleicht ist das ein bißchen in Goldmanns Musik drin und bei mir Sprache geworden.

Dieser Text ist – das war eine meiner Bemühungen – kräftig, präzise, aber mehrdeutig. Und das mußte man gelegentlich dann schon sein.

Müller: Um in dem Bild zu bleiben: »Die Welt fragt nach Ihnen« – was werden Sie ihr antworten?

Schneider: Nun, durch den Wechsel meines Berufes vom einsamen Musikologen zu einem Intendanten, der in die Öffentlichkeit gestellt ist, erledigt sich die Frage von selbst, denn ich bin von morgens bis nachts für diese Welt jetzt da. Das sind 400 Menschen, Schauspielhaus Berlin und Orchester, das ist ein kleines Stück Welt. Und dann muß ich dafür sorgen, daß dieses Schauspielhaus in der Welt so bekannt wird, daß eben jene Welt zu dem Wissen kommt, daß dort nicht Theater, sondern Musik gespielt wird.

4. Mai 1992

»Mit dem Kopf durch die Wand«

»Mauerflüchtling« Bernd Sievert
im Gespräch mit Bernd Dassel

*Bernd Sievert, geboren 1950, Schriftsetzer. 1971 Flucht-
versuch in Berlin, neun Monate Krankenhaus und 22
Monate Haft in Berlin-Rummelsburg. Nach der Haftentlassung noch acht Jahre in der DDR. Dort Berufsverbot als Schriftsetzer, Hilfsarbeitertätigkeiten. Nach
mehreren Ausreiseanträgen Übersiedlung nach West-
Berlin. 1992 Zeuge des seinen Fluchtversuch betreffenden »Mauerschützenprozesses«.*

Dassel: 5. September 1971, 13 Uhr 30; Fluchtversuch an
der Mauer in unmittelbarer Nähe des Springer-Hoch-
hauses in Berlin-Kreuzberg: Ein junger Mann läuft im
Zickzack auf die Sperren zu; nur noch wenige Meter bis
zur Mauer, plötzlich: Schüsse!
Die Soldaten in zwei etwa 100 Meter entfernten Wach-
türmen haben den Flüchtenden entdeckt und halten mit
ihren Kalaschnikows drauf; noch ein Schuß und noch ein
Schuß, da bricht der Mann getroffen zusammen. Er hat
keine Chance mehr, seine Flucht ist gescheitert. Aber er
hat Glück im Unglück gehabt: Er lebt! Sein Name:
Bernd Sievert, 21 Jahre alt. Wohnort: Gera. Beruf:
Schriftsetzer.
21 Jahre später, am 11. Juni 1992, vor dem Kriminal-
gericht in Moabit, beginnt der Prozeß gegen vier Grenz-
polizisten der ehemaligen DDR-Volksarmee. Sie haben
damals auf Bernd Sievert geschossen, sein rechtes Bein
dermaßen zerfetzt, daß es für den Rest des Lebens
verkrüppelt bleibt. Bernd Sievert ist zu Beginn des Prozesses im Gerichtssaal gewesen, hat die Menschen gesehen, die ihn beinahe getötet hätten.
Herr Sievert, diese erste Konfrontation mit diesen

Vieren, haben Sie die herbeigesehnt, haben Sie sie gefürchtet, wollten Sie überhaupt wissen, wer Sie damals fast ins Grab gebracht hätte?

Sievert: Ja, also, als ich vor einem Jahr erfahren habe, daß der Prozeß gegen diese vier Mauerschützen, die damals am 5. September auf mich geschossen haben, eröffnet wurde, war ich selbstverständlich schon daran interessiert zu sehen, wie die Menschen heute aussehen; und ich hätte gerne erfahren, wie sie das heute aus ihrer Sicht interpretieren: ob sie sich einfach nur aufs Leugnen versteifen oder ob wirklich einer den Mut hat, die Verantwortung auf sich zu nehmen. Denn ich bin überzeugt, derjenige, der den entscheidenden Schuß auf mich abgegeben hat, der zu dieser schweren Verletzung geführt hat, der wird das mit Sicherheit wissen.

Dassel: Als Sie im Zeugenstand gewesen sind in Moabit, da haben Sie ja nun diese vier Leute gesehen, und diese vier Leute haben auch Sie gesehen. Wie haben die denn auf Sie reagiert?

Sievert: Also, die saßen, wenn ich das jetzt so sagen darf, fast völlig unbeteiligt da. Es ging also weder von mir 'ne schwere oder starke emotionale Erregung aus noch von den Angeklagten.

Dassel: Haben die Sie angucken können, haben die Ihnen in die Augen geguckt?

Sievert: Ja, ich würde sagen, es war eher ein Ausdruck von Langeweile in den Gesichtern. Ich hab' die Leute angeguckt und hab' sie eben irgendwie nicht erkennen können, und bei denen ging das irgendwie genauso.

Dassel: Hatten Sie erwartet, daß einer von denen aufsteht und sagt: »Herr Sievert, tut mir leid, daß ich damals auf Sie geschossen habe.«

Sievert: Na, im Gerichtssaal, das ..., eine solche Erwartung hatte ich nicht. Aber ich hatte kurz mal die Möglichkeit, in einer Pause des Gerichts mit einem der Angeklagten zu reden, und der hat, ohne daß ich überhaupt zum Thema gekommen bin, gleich gesagt, es tut ihm leid, und er mußte damals schießen, und er war wohl damals mit den gegebenen Umständen und den Gesetzen an der Grenze auch nicht einverstanden.

Dassel: Haben Sie dem das geglaubt?

Sievert: Es hat in der DDR damals wohl jeder die Möglichkeit gehabt, mit kleinen Schritten 'ne gewisse Meinungsverschiedenheit zum System auszudrücken – also ich wäre mit Sicherheit nie an die Grenze gekommen, weil ich glaube, mit Sicherheit sagen zu können, daß ich schon als politisch unzuverlässig eingestuft wurde, ohne daß ich nun Schwierigkeiten hatte, 'ne Berufsausbildung und so was abzuschließen. Aber ich bin der Meinung, man kann; man konnte das irgendwie schon ganz bewußt beeinflussen.

Dassel: Also, insofern haben Sie das nicht geglaubt?

Sievert: Das könnte man als Schutzbehauptung hinstellen. Er kann aber auch recht haben, also das ist sehr schwer... Deshalb hätte ich ja mit dem Angeklagten wirklich gerne mal gesprochen – überhaupt über den ganzen Ablauf, über die... Aber die Möglichkeit war mir nicht gegeben.

Dassel: Wie war das mit der Flucht, wann haben Sie sich entschieden, zu fliehen und dieses Risiko auf sich zu nehmen?

Sievert: Ja also, wissen Sie, der Gedanke, der hat mich schon lange irgendwie beherrscht, und der Entschluß ist also nicht spontan erst am 5. September gekommen. Ich muß sagen, daß ich da vom Elternhaus schon so in gewisser Weise erzogen wurde: daß also die DDR nicht das Deutschland ist, dem die Zukunft gehört. Und ich war schon immer mehr vom Leben in der Bundesrepublik Deutschland angetan.

Dassel: Gut, aber von dem Punkt bis zu der Bereitschaft, so ein Risiko einzugehen, auch das eigene Leben einzusetzen, das ist doch ein weiter Schritt.

Sievert: Ja, den Schritt am 5. September habe ich ja nun mit 21 Jahren erst gemacht.

Dassel: Was war denn entscheidend dafür, daß es gerade an diesem Tag passierte, daß Sie versuchten, über die Grenze, über die Mauer zu kommen?

Sievert: Ja, also der 5. September war ja in gewisser Weise für Berlin ein sehr wichtiges Datum: Zwei Tage vorher, am 3. September 1971, wurde hier in West-Berlin dieses große und bekannte Viermächteabkommen ratifiziert. Das heißt, die ganze politisch interessierte Öffentlichkeit hat nach Berlin gesehen! Und ich glaubte damals – war so naiv anzunehmen –, daß in der DDR nun der Schießbefehl für einige Tage außer Kraft gesetzt würde. Und da habe ich eben geglaubt – gerade noch gegenüber diesem Springerhaus –, daß diese Öffentlichkeitsnähe für mich ein gewisser Schutz war. Aber das hat sich eben leider als Fehlplanung herausgestellt.

Dassel: Wie haben Sie die Flucht denn vorbereitet?

Sievert: Ja, also der Entschluß dann war ... – da war schon eine gewisse Spontaneität da: Es war, als ich dann direkt vor der, vor diesem ersten Absperrzaun stand, schon so ein innerer Kampf. Aber ich hab' gesagt: Das darf jetzt keinen Aufschub mehr dulden; wenn du jetzt wieder nach Gera zurückfährst und dich wieder ganz normal an deinen Arbeitsplatz setzt, dann hast du vielleicht später nicht mehr die Kraft, so einen Entschluß wirklich in die Tat umzusetzen – denn es war damals schon wirklich schwer, wenn man sich also bewußt ist, daß man praktisch sein ganzes Leben riskiert.

Dassel: Aber gut, wie wollten Sie denn über die Mauer rüberkommen, ich meine, die war doch ziemlich hoch?

Sievert: Na ja, damals... – an diesem Ausgangspunkt war so ein Stapel Kisten oder Obstkisten, und da hab' ich also eine noch ganz kurz entschlossen gegriffen; die sollte mir als Trittbrett dienen, um die Mauer, also die letzte große Mauer zu überwinden. Heute weiß ich natürlich, daß die Höhe dieser Kiste nicht ausgereicht hätte, um die Mauer zu überwinden, weil die ja oben noch mit diesen runden, halbrunden Mauersegmenten abgedeckt war, um ein Festhalten von Händen zu verhindern.

Dassel: Wie weit sind Sie denn an die Mauer rangekommen, wie nah?

Sievert: Ich würde sagen, so um 50, 60 Meter. Bis dahin ist es mir gelungen. Dann bin ich eben getroffen worden und in den Sand gestürzt, und da war die ganze Flucht für mich zu Ende.

Dassel: Wußte irgendwer aus Ihrem Freundeskreis, von Ihrer Familie, daß Sie planten abzuhauen?

Sievert: Also, den genauen Ablauf und den genauen Tag hab' ich natürlich niemandem so konkret angegeben. Aber es war klar, daß ich schon immer mit dem Gedanken gespielt und auch bei meinen Eltern zu Hause dieses Thema immer wieder angesprochen habe – aber eben in so einem Tonfall, von dem man annehmen konnte, er meint das nicht so ernst, wie es dann wirklich am 5. September geschehen ist.

Dassel: Als Sie da im Sand lagen, getroffen – wie war diese Situation?

Sievert: Ich weiß also, daß ich gelaufen bin, und dann gab es eben sehr starke Geräusche von Schüssen – ich glaubte auch noch, von Leuchtraketen, ausgelöst durch Signaldrähte, die da überall gespannt waren ..., also so Leuchtraketen hatte ich wohl vermutet, die dann hochgehen. Und ich sah jetzt: Es hat keinen Zweck mehr! Deine Berechnung ist nicht aufgegangen, du mußt jetzt anhalten!

Aber dann war das schon zu spät; dann merkte ich, wie mein Bein praktisch so etwas wie Stromschläge durchzuckten, und ich vermutete damals sogar noch das: daß es so eine Art elektrische Leitung wär', gegen die ich dann gestoßen bin und die diesen kurzen Schmerz hervorgerufen hatte. Aber es hat sich dann herausgestellt, daß es eben zwei Schüsse waren; und einer davon hat mir eben so einen wichtigen Nerv durchtrennt, daß mir die heutige Lähmung, die mir also bis ans Lebensende bleibt, noch zurückgeblieben ist.

Erst dann habe ich mich umgedreht, aufmerksam gemacht durch Rufe zweier Grenzsoldaten, die dann von dem Turm auf mich zukamen und mich nach Stich- und Schußwaffen durchsuchten. Einer war dann im Hintergrund und hat das noch mit entsicherter Maschinenpistole beobachtet.

Dassel: Wie haben die Sie denn behandelt? Waren die sehr ruppig, oder hatten Sie das Gefühl, also irgendwie gehen die doch für diese Situation relativ menschlich mit mir um?

Sievert: Ich würde sagen, das ist ein ganz normales militärisches Vorgehen. Ich bin von den Leuten, wie gesagt, befragt worden, und besonders ruppig und mit Brutalität ist der Betreffende, der mich untersucht hat, nicht vorgegangen, also das muß ich schon der Gerechtigkeit halber sagen, ich will das auch nicht verschweigen. Und ansonsten – also als normal kann man die Situation nicht bezeichnen, aber in diesem Fall hat der sich eben militärisch ganz korrekt verhalten. Wenn man davon ausgeht, daß ich jetzt so 'ne Art Kriegsverletzter oder Gefangener war, könnte man sagen, daß es da nicht zu irgendwelchen gewalttätigen Übergriffen gekommen ist.

Dassel: Können Sie sich erinnern, welches Gefühl Sie da hatten? Brach für Sie da 'ne Welt zusammen, oder haben Sie das, na, so ein bißchen lakonisch genommen, relativ gelassen – oder wie, wie ...?

Sievert: Na also lakonisch ...? Ich habe gerade beim Rumdrehen und dann, als diese Zwei auf mich zukamen, erst gesehen ... – das ganze Ausmaß meiner Verletzung! Meine Hose, die war zerfetzt, das war alles schon mit Blut getränkt, und ich habe auch gesehen, wie dann wirklich 'ne größere Blutmenge schon da im Sand langsam versickert ist. Ich war schon überzeugt, daß jetzt nun alles zu Ende ist.

Dassel: Haben Sie geweint?

Sievert: Nein, ich war eher maßlos erschüttert. Und ... ja... – ich fand das auch irgendwie geradezu erniedrigend, daß ich also da nun so zusammengeschossen ... – hier auf der einen Seite die neugierigen West-Berliner Bürger, die das beobachtet haben, und dann auf der anderen Seite eben die Zwei, die mich durchsuchen und fragen, ob ich laufen kann – nachdem sie mich nun zusammengeschossen haben, und das ..., da ist es mir plötzlich erst wieder mal richtig zu Bewußtsein gekommen, auf welche Sache ich mich da überhaupt eingelassen habe. Das ist leider ein paar Sekunden zu spät gewesen, aber das waren so in etwa meine Gedanken.

Dassel: Warum haben Sie es denn überhaupt am hellichten Tage probiert, nicht abends? Wäre die Chance nicht größer gewesen?

Sievert: Ja, die Chance... Es, es sollte irgend ..., es war 'ne Verzweiflungstat, wissen Sie, ich hab' ja diesen außergewöhnlichen Weg nur deshalb gewählt, weil mir der gewöhnliche nicht offen stand. Aber irgendwie, also Todessehnsucht will ich da nicht sagen, aber das sollte auch – ich hatte mir das damals irgendwie ganz verrückt vorgestellt – das sollte auch der Welt zeigen, daß die DDR trotz Viermächteabkommen und aller Versuche, die eben von westlichen Politikern gemacht wurden, um das Leben der DDR-Bevölkerung irgendwie zu erleichtern ..., daß die eben zum damaligen Zeitpunkt überhaupt nicht bereit waren, von ihrer brutalen Grenzordnung abzugehen, und rücksichtslos gegen Flüchtlinge von der Schußwaffe Gebrauch machten!

Dassel: Da waren Sie in dem Alter so weit, daß sie gesagt haben: »Ich bin bereit, ein politisches Opfer zu bringen«?

Sievert: Na, nicht ..., wissen Sie, das wirkt jetzt natürlich ein bißchen sehr aufgetragen, das weiß ich – politisches Opfer ist sehr hoch ausgedrückt, und das könnte auch vielleicht falsch interpretiert werden; aber es war damals eine politische Situation, die eben durch das Viermächteabkommen gegeben war ..., und auf der West-Berliner Seite der Springer-Konzern, der nun nicht gerade bekannt war für eine der DDR wohlgesonnene Meinung; und insgeheim habe ich mir also schon ausrechnen können, welches Presse-Echo eine solche Tat hervorruft.

Dassel: Ja, aber waren Sie denn wirklich bereit, Ihr Leben ... zu setzen?

Sievert: Ihr Leben? Na, ich hab' natürlich nicht damit gerechnet, ich hab' ja gerade versucht darzulegen, daß ich all diese Umstände für mich günstig ansah und daß diese Umstände mir einen gewissen Schutz boten.

Dassel: Aber es blieb ja trotz alledem ein ganz großes Risiko. Haben Sie das an die Seite geschoben, das Bewußtsein?

Sievert: Das Bewußtsein, daß ich mich auf eine äußerst gefährliche Sache einlasse, war durchaus vorhanden, das ist klar. Ich stand ja damals nicht unter dem Einfluß von Drogen oder Alkohol – ich war also im vollen Bewußtsein meiner geistigen und seelischen Kräfte und habe das aber irgendwie natürlich auch wieder verdrängt –, als ich an dem Zaun stand, sind mir all diese Gedanken ja wirklich noch mal durch den Kopf gegangen; das war wirklich ein schwerer innerer Kampf, aber ich hab' mich letztlich dann doch entschlossen, das zu tun. Das ist wirklich manchmal – wenn man jetzt so auf dem Sessel sitzt im Studio – ganz schwer zu verstehen und nachzuvollziehen, das will ich durchaus nicht be-

streiten. Aber ich hatte damals irgendwie auch so ...
mit dem Leben abgeschlossen, daß ich gesagt hab':
Entweder, ich will jetzt rüber, ich will das einfach
nicht durchhalten, nicht weiter hier in der DDR leben.
So, in so 'ner Situation war ich damals, ob mir das nun
jemand heute glaubt oder nicht – darauf habe ich ja keinen Einfluß.

Dassel: Als Sie dann im Krankenhaus lagen, nachdem
Sie von der Grenze wegtransportiert worden sind: War
da ein Moment, in dem Sie es bedauert haben, daß Sie
versucht haben rüberzukommen?

Sievert: Also, die ersten Stunden im Krankenhaus galten natürlich der Sorge, was mit meinem Bein ist; ich
hab' immer wieder diese Ärzte gefragt, ob das Bein ab-
genommen werden muß – das ist in so einer Situation
verständlich –, aber man hat mir gleich von Anfang an
gesagt: Diese Gefahr besteht nicht.
  Aber ich habe dann auch sehr schnell mitbekommen,
daß trotz des Glücks, das ich ja dabei hatte, irgendwas
sehr Ernsthaftes, eine sehr ernsthafte Verletzung mit
meinem Bein vor sich gegangen ist. Und das hat sich
dann eben im Laufe der Wochen auch bestätigt, und die
Ärzte haben mir gesagt, es wird mit großer Sicherheit
ein Dauerschaden bleiben.

Dassel: Sie waren dann neun Monate im Krankenhaus ...

Sievert: Ja, circa neun Monate in diesem Krankenhaus.

Dassel: War das ein Gefängniskrankenhaus?

Sievert: Nein, das ist ein sogenanntes Volkspolizei-
krankenhaus, ein sehr großer Komplex, hier in der
Scharnhorststraße, auf damals Ost-Berliner Gebiet
natürlich. Und da waren vorwiegend eben Angehörige
der Sicherheitsorgane untergebracht, die medizinischer
Behandlung bedurften. Dieses Krankenhaus hatte auch
einen sogenannten Haftturm; da waren drei Behand-
lungsräume und ein Dienstraum für die Beamten des

Strafvollzuges, und es war insofern also nur eine kleine Abteilung, die eingerichtet war für Fälle, die im Zuchthaus Rummelsburg nicht behandelt werden konnten.

Dassel: Wie wurden Sie denn, als Sie da eingeliefert wurden, von den anderen Patienten aufgenommen? Galt das als etwas Besonderes, wenn man versucht hatte, über die Mauer zu türmen?

Sievert: Der Ablauf in diesem Haftturm war folgender: Man hat immer versucht, 'ne ganz klare Trennung zu ziehen zwischen den sogenannten normalen Straftätern und gerade eben, wie hier, diesen Mauerflüchtlingen oder Grenzbrechern, Sperrbrechern wie man damals im DDR-Jargon sagte. Aber immer war das natürlich nicht möglich. Es kam also doch dazu, daß normale Strafgefangene und ich zusammengelegt wurden, weil es nicht anders möglich war. Im Strafvollzug und im Knast ist es normalerweise nicht üblich, daß einer dem anderen das Delikt vorwirft, aber da ..., man hat mit gewissem Unverständnis darauf reagiert, daß jemand praktisch für nichts so ein hohes Risiko eingeht. Wenn jemand eine kriminelle Energie hat, der sagt: »Ich habe durch mein Delikt mir wenigstens noch ein paar Monate oder Jahre ein gutes Leben garantieren können, aber Du hast hier nur Deine Gesundheit und Dein ganzes Leben aufs Spiel gesetzt und nur dafür, daß Du nach West-Berlin kommst, wo Du ja auch noch nicht mal wußtest, ob Deine Wünsche in Erfüllung gehen.«

Dassel: Nachdem Sie wieder, ja, im wahrsten Sinne des Wortes, auf den Beinen waren: die Gerichtsverhandlung, dann die Strafe, Haft – 22 Monate das Urteil. Ist da so ein Punkt gekommen, irgendwann, an dem Sie bedauert haben, daß Sie es versucht haben, oder sind Sie eigentlich immer der festen Überzeugung gewesen: Das Risiko war es wert?

Sievert: Also, bedauert an der ganzen Sache habe ich selbstverständlich nur den gesundheitlichen Dauerschaden, den ich davongetragen habe. Daß ich das Zeichen gesetzt habe, um meine..., um den Verantwortlichen zu zeigen, daß ich nicht mehr länger gewillt war, in der DDR zu leben, das habe ich nie bedauert.

Der Entschluß war an sich schon richtig, nur daß ich eben die Tat auf so 'ne Weise – und für mich schädliche Weise – durchgeführt habe, das ist natürlich schon ein Bedauern wert, also, was mich persönlich betrifft.

Dassel: Sie sind dann später über einen Ausreiseantrag nach West-Berlin gekommen.

Sievert: Ja, erst mal bin ich aus dem Zuchthaus Rummelsburg entlassen worden, und dann habe ich noch acht Jahre in der DDR gelebt. Ich bin also nicht direkt aus dem Gefängnis in die Bundesrepublik gekommen, sondern hab' erst, wie gesagt, noch acht DDR-Jahre hinter mich bringen müssen.

Dassel: Haben Sie denn ganz normal wieder eine Arbeitsstelle gefunden?

Sievert: Ja, Moment! Die Entlassung war nun nicht gleichzeitig auch mit meiner Gesundung verbunden. Nach der Haftentlassung haben sich noch umfangreiche medizinische Behandlungen notwendig gemacht, das hat sich auch noch mehrere Jahre hingezogen.

Und als ich dann wirklich so einigermaßen wieder hergestellt war für das bürgerliche Leben, wie man so schön sagt, da habe ich schon versucht, wieder in meinem Beruf Fuß zu fassen; aber ich mußte merken, daß man mir von staatlicher Seite doch 'ne ganze Menge Steine in den Weg gelegt hat. Also man kann wirklich sagen, man hat mich mit so einer Art Berufsverbot bestraft.

Dassel: Was haben Sie denn dann gemacht – statt Schriftsetzer?

Sievert: Also erst mal hab' ich mehrere Versuche unternommen, bei meiner Zeitung da in Gera wieder in meinem Beruf zu arbeiten; das ist immer abgelehnt worden mit Hinweis auf diese Tat; man hat da gesagt, daß ich dadurch meine wahre Einstellung zum Sozialismus verraten habe und daß ich nicht würdig bin, da zu arbeiten. Das war wohl so ein ungeschriebenes Gesetz, daß man solchen Leuten die berufliche Eingliederung ganz bewußt erschwerte.

Ja, ich habe dann verschiedene Hilfsjobs angenommen, aber das hat mich nun nicht befriedigt, und außerdem habe ich mir gesagt: Wenn du nun schon deine ganze Gesundheit auf Dauer aufs Spiel gesetzt und eingebüßt hast, dann wär' es ja inkonsequent, wenn du jetzt nun hier als braver DDR-Bürger den Rest deines Lebens in der DDR verbringst, denn damals mußte man noch davon ausgehen, daß die DDR ja noch, was weiß ich, 1 000 Jahre besteht oder was.

Und dann habe ich Ausreiseanträge gestellt und habe auch alle diese Gründe reingeschrieben – daß also die DDR-Führung nicht bereit ist, mir wieder ein normales Leben zu garantieren, und mir also immer noch diese Tat vorwirft, die ja mittlerweile auch juristisch schon verjährt war, und ich schon gar nicht mehr als vorbestraft gegolten habe, und trotzdem hatte es da keinen Weg gegeben.

Und diesen Anträgen hat man dann letztlich stattgegeben.

Dassel: Sie wohnen jetzt hier in Kreuzberg, in Berlin. Als Sie nun erfahren haben, daß der Prozeß gegen die vier Soldaten, die damals auf Sie geschossen haben, stattfinden sollte: War das für Sie eine Geschichte, die Sie schmerzhaft berührt hat, weil Sie gesagt haben: Mensch, dann muß ich noch mal zurück in die Vergangenheit, das hab' ich eigentlich abgeschlossen?

Sievert: Nee, schmerzlich war das nicht. Ich hab eher gesagt – nicht mit Schadenfreude, aber doch –, daß die Gerechtigkeit irgendwie ihren Lauf nimmt. Aber schmerzlich, das würde ich nicht sagen. Ich habe, als ich erfahren habe vor circa einem Jahr, daß es einen Prozeß geben wird, immer mit Interesse dem Beginn dieses Prozesses entgegengesehen.

Dassel: Welches Gefühl den Schützen gegenüber haben Sie, denen Sie ja fast Ihren Tod zu »verdanken« haben, tatsächlich eine lebenslange Behinderung, neun Monate Krankenhaus, 22 Monate Haft, was bleibt da? Bleibt da ein bißchen Verständnis?

Sievert: Also, ich muß sagen, daß ich mich natürlich von einer gewissen Schuld auch nicht freisprechen kann. Das ist damals wirklich der Versuch gewesen, mit dem Kopf durch die Wand zu rennen. Ich habe gewußt, daß die an der Grenze schießen; es sind mir auch viele vorhergehende Fälle bekannt geworden, wo eben von gescheiterten Fluchtversuchen gesprochen wurde. Eine gewisse Wut hat sich auch schon gegen meine eigene Person gerichtet, daß ich damals mit einem so kostbaren Gut, wie eben Gesundheit, so leichtfertig umgegangen bin.

Und das ist bis heute auch so geblieben: Ich kann mich einfach nicht dazu durchringen, nur einzig und allein diesem Grenzwächter nun alle Schuld in die Schuhe zu schieben und mich nun als schillernde Freiheitsfigur hinzustellen. Also, das liegt mir irgendwie fern.

Aber es bleibt natürlich schon ein gewisses bedrückkendes Gefühl, wenn ich jetzt mit Sicherheit weiß, wer nun der Schütze war. Das Gefühl, ja, da habe ich mir schon viele Gedanken drüber gemacht, aber...

Dassel: Und wenn der Schütze käme und sagen würde: »Bernd Sievert, ich bitte Sie um Entschuldigung, um Verzeihung, es tut mir leid« – könnten Sie die gewähren?

Sievert: Ja, ich glaube schon. Also Kraft zu..., eine Bereitschaft zu so einer Verzeihung nach so langer Zeit muß man einfach mitbringen. Wenn er so einen Ton der Versöhnung anschlägt, also dann, dann wär' ich der letzte, der auf blutige Rache sinnen würde, das kann ich nicht.

22. Juni 1992

»Großes Rechts- und Unrechts- bewußtsein«

Norbert Nickel, ehemals leitender Volkspolizist,
im Gespräch mit Klaus Pokatzky

*Norbert Nickel, Ausbildung als Elektromonteur, seit
1973 Volkspolizist. Bis zur Vereinigung von BRD und
DDR als Oberstleutnant, nach der Wende als Polizei-
Oberrat einer der höchstrangigen Volkspolizisten in Berlin. Diplom als Staatswissenschaftler. Heute arbeitet er
im Bezirk Berlin-Mitte als einfacher Polizeibeamter.*

Nickel: Mich hat ziemlich beeindruckt und auch gestört,
daß Ende der sechziger Jahre im Bereich des Hu-
mannplatzes im Ostteil der Stadt, das ist im Stadtbezirk
Prenzlauer Berg, Volkspolizisten Jagd auf Langhaarige
gemacht haben; also, die wurden da festgenommen, und
das war in dieser Zeit noch so Partei- und Jugendpolitik
à la Ulbricht.

Ich hatte zum damaligen Zeitpunkt noch kurze Haare,
die dann, als ich lernte, sehr lang waren, lockig, so wie
Jimy Hendriks – ich fand das schön. Da hab' ich mich
gefragt, warum kann nicht Polizei auch anders sein –
Kumpel, Freund und Helfer, wie man gesagt hat, im wei-
testen Sinne des Wortes? Und auf einmal wußte ich: Ich
will Polizist werden, ein guter – wenn es geht, der beste
Polizist, einer, der sich nicht prügeln muß, der alles Böse
von den Menschen fernhält; das war ein bißchen die
idealisierte Vorstellung, so zu sein als Polizist.

Ich meine heute noch, daß ich ein sehr großes Rechts-
und Unrechtsbewußtsein habe; das war eine Sache, die
mich mein Leben lang auch irgendwie immer geprägt
hat. Ich konnte Ungerechtigkeit anderen Menschen gegenüber nicht vertragen und habe mich immer dafür
eingesetzt, Ungerechtigkeit weitestgehend auszuschließen, dagegen vorzugehen.

Pokatzky: Diese Polizei war eine Stütze des Staates und zwar eines nicht demokratischen Staates. War da nicht dann auch irgendwie 'ne Schizophrenie angelegt?

Nickel: Also, diese Schizophrenie, die würde ich mir nicht vorhalten lassen. Ich wurde ja nicht nur ideologisch beeinflußt – wie ich auch die mir Unterstellten ideologisch beeinflußt habe; ich wurde ja auch durch Leute, ja Nationen – ich glaube zum Schluß waren es über 130, die die DDR anerkannt hatten im Verlaufe der siebziger Jahre – beeinflußt; das war ja genau die Zeit, in der ich Polizist war, als das Ansehen der DDR weltweit wuchs, das europäische Vertragswerk, Helsinki und das alles auf mich einströmte. Damals habe ich nicht nur einen Bundeskanzler neben dem ehemaligen Staatsratsvorsitzenden und Generalsekretär gesehen, sondern mehrere Leute, die diesem System den Hof gemacht haben. Diese internationalen wissenschaftlichen oder politischen Konferenzen, wo westliche Politiker en masse hier waren, haben mich motiviert und mich darin bestärkt, daß das doch nicht so verkehrt, so undemokratisch hat gewesen sein können. Wer geht denn in einen Unrechtsstaat? – Ich seh' das jetzt mal aus dem Blickwinkel, den die DDR hatte. – Es wurde im Gegenteil der Stolz vermittelt, daß die DDR ein international anerkannter Partner ist. Die Wirtschaft hat das weidlich ausgenutzt – ich meine hiermit die westdeutsche und die internationale.

Pokatzky: Aber jetzt, heute, fast drei Jahre nach der Wende: Wenn Du heute die alte DDR siehst, ist es für Dich heute ein Unrechtsstaat?

Nickel: Also, ich würde das auch heute so nicht sagen, weil ich weiß, es gab ein Gesetzeswerk und eins, das ich nicht nur sehr gut kannte, sondern auch beherrscht hab'.
    Es gab eine Verfassung, es gab ein darauf aufbauendes Rechtswerk – wie vollkommen undemokratisch oder unvollkommen auch immer.
    Aber es kann nicht sein, daß dieser Staat, der – jetzt komme ich wieder zur Außenwelt – weltweit geachtet,

anerkannt durch alle, nicht geächtet, daß dieser Staat ein Unrechtsstaat war.

Ich kann mich nicht damit identifizieren, 18 Jahre lang als Polizist in der DDR Unrecht getan zu haben, weil ich das effektiv nicht gemacht hab'. Ich könnte aufrufen und suchen, wieviele Kinder ich persönlich gefunden habe, vermißte Kinder, oder wieviele Straftaten ich verhindert habe und ähnliche Dinge. Also, auch das wäre ein Unrechtsstaat, wenn jetzt jede Handlung in der DDR irgendwie Unrecht gewesen sein soll.

Fakt ist: Ich bin hier in dieser ehemaligen DDR aufgewachsen, umsorgt, ohne Probleme, ja, ohne Angst, ohne Dinge, die mich in die Zukunft hineinsehend belastet hätten. Hab' eine schöne Kindheit gehabt, eine sehr gute Ausbildung, eine Jugend, die bar jeder Sorge war.

Ich konnte frei bestimmen, was ich werde. Meine Schulausbildung, alles war gesichert. Ich konnte den Beruf erlernen, den ich wollte.

Der Fakt, kein Rauschgift und keine Kriminalität kennenzulernen, auf jeden Fall nicht in dem Maße, wie ich sie heute kennenlernen muß; oder Existenzangst in einer Form, die dieser Leistungsgesellschaft nun mal zugehörig ist; oder wenn man mir gesagt hat, in Berlin-West ist die Kriminalität 16 mal höher als bei dir: Davon habe ich gelebt.

Pokatzky: Heißt das, daß Du, wenn Du irgendwann mal Bauingenieur geworden wärest, wie Du das als Kind wolltest, daß Du dann vielleicht eher Neigung gehabt hättest, Dich irgendwann in den Westen abzusetzen?

Nickel: Also, mich »in den Westen abzusetzen« ist bestimmt der falsche Ausdruck dafür; aber ich wäre mit Entwicklungen in der Wissenschaft im Weltstandsvergleich betroffen worden, der mir diese Entscheidung, in den Westen zu gehen oder an das, was da DDR heißt, kritisch heranzugehen, leichter gemacht hätte. Und ich wäre logischerweise auf andere Antworten gekommen: auf die Materialmisere, auf die Misere in der Wirtschaft, auf unfähige Wirtschaftskapitäne.

Ja, diese Frage hätte ich mir sicherlich anders beantworten können.

Pokatzky: Das heißt, die Tatsache, daß die Polizei funktionierte und professionell, wie Du das sagen würdest, gearbeitet hat, ermöglichte Dir auch eine höhere Identifikation mit dem Staat?

Nickel: Ja, sehr wohl.

Pokatzky: Ja, aber wenn man jetzt so Dinge sieht wie die Republikflüchtlinge, die ins Gefängnis gesperrt wurden, die Oppositionellen, die Prozesse bekamen...

Nickel: Die Schließung der Grenze '61 war für mich irgendwie ein Ereignis, ja..., was ich wahrgenommen habe, aber durch das Passierscheinabkommen und die Unbedarftheit eines Kindes eben noch nicht als so schlimm empfand.

Schlimm für mich war, daß mein Kaugummiautomat auf der Bornholmer Brücke weg war, an dem ich mir immer Kaugummis gezogen habe; den habe ich aber 1989 im Ansatz wiedergefunden, zumindest konnte ich meiner Frau die Löcher zeigen. Die Löcher existierten noch, wo dieser Automat festgemacht war! Ich bin zielgerichtet nach diesen vielen Jahren dort hoch und habe am Bahnhof diesen Automaten gefunden.

Ja, aber Spaß beiseite. Was das angeht, zur Republikflucht als solcher hab' ich eine Meinung gehabt, die da lautete und auch lautet: Wer will, soll doch gehen! Ganz einfach.

Also, diese repressiven Maßnahmen gegen die, die da weg wollten und gegangen sind: sicherlich ein schlimmer Teil, ein sehr schlimmer Teil deutscher Geschichte. Ich habe mir auch oft die Frage gestellt, warum so ein Aufwand betrieben werden muß, um zu verhindern, daß soundso viel Leute dort verschwinden.

Ich selbst hätte nicht weggewollt, muß ich ehrlich sagen. Ich hab' persönlich einen sehr hohen Preis dafür bezahlt: Man wußte, daß man von dem Zeitpunkt an, da man in den Sicherheitsorganen der DDR arbeitete, keine Kontakte in die Bundesrepublik Deutschland zu Familienangehörigen oder ähnlichem, Freunden und Bekannten haben durfte. Und man durfte auch innerhalb der DDR diese Kontakte nicht über dritte Personen haben. Viele waren unehrlich dabei, ich war's nicht, ich habe mich daran gehalten. Ich hatte einen Eid geleistet – es spielt auch das Berufsethos und die persönliche Haltung zu einem Eid 'ne Rolle; ich habe wirklich keine Kontakte zu meinen Verwandten unterhalten, die zum überwiegenden Teil im Westteil dieser Stadt lebten; ja selbst zu meinen Eltern nicht, die im Ostteil der Stadt gelebt haben, weil eben regelmäßig die Kontakte zu meinen damaligen West-Verwandten da waren. Also ich hab' mich daran gehalten, und ich selber habe zu meinen Eltern so runde zehn Jahre keinen solchen Kontakt gehabt, wie ihn eigentlich Eltern zu ihren Kindern und umgekehrt haben sollten.

Ich bin sehr glücklich ein zweites Mal verheiratet, wir haben 1983 geheiratet und haben ein Kind. Meine jetzige Frau, die kannte meine Eltern nicht und umgekehrt auch nicht; genauso, wie meine Eltern nicht ihr Enkelkind kannten. Das brachte die Wende erst mit sich.

Pokatzky: Und das sind noch keine Indizien, daß Du diesen Staat als Unrechtsstaat bezeichnen würdest?

Nickel: Meine Eltern durften auch nicht reisen. Meinetwegen, weil ich Polizist war, durften die nicht reisen. Ich hab' mit diesem Konflikt auch gelebt. Aber ich habe auch begriffen, daß ich nur etwas tun kann dafür, indem ich bestimmte Dinge vereinfache und im Einzelfall mal helfe. Ich weiß, daß es Menschen gibt, die wissen, daß sie nach einer Vorsprache bei uns recht unkompliziert ihr familiäres Problem geklärt bekommen haben.

Pokatzky: Und die Behandlung von Oppositionellen?

Nickel: Ich erinnere mich an einen Fall, an dem ich klarmachen kann, wie ich persönlich reagiert hab'. Ich glaube, das war zu der Zeit, als ich zum Studium in Aschersleben war, da gab es dieses Ereignis um Biermann. Da habe ich mich auch gefragt – wir hatten sehr wenig Informationen dazu, an der Offiziersschule ohnehin, also keine West-Medien, gar nichts –, da wurde eben in der Argumentation gesagt, und das habe ich selber auch getragen für mich: Warum beschmutzt der die DDR, also uns, mich, meinen Bruder und meine Eltern oder sonst wen – es ging da irgendwie um Betriebe, was rauszuziehen – als Dumme, als Diebe oder ähnliche Dinge.

Es ist schwer, das jetzt nachzuvollziehen, weil man heute doch einen anderen Erkenntnisstand hat. – Und da habe ich gesagt: »Ja, na bitte, um den ist es doch nicht schade.« – Und dann hat mich tief beeindruckt, warum einer wie Manfred Krug, den ich geliebt hab', also auch verehrt hab, ja, warum der danach die DDR verlassen hat und andere Künstler und solche Leute sich zurückgezogen haben, Leute, die hochdekoriert waren, Nationalkunstpreisträger und ähnliche; warum diese Leute, die Intellektuellen, die Intelligenz – und dann noch oft mit sehr guten Worten, die unsereins nicht gefunden hat –, warum die dagegen waren. Und diese Leute haben uns oder mich auch noch beeinflußt gegen Biermann, ja, gegen ihn selbst und auch gegen das, was er getan hat, denn es war ja eine Form von Widerstand, von Opposition, die wir damals noch nicht begreifen konnten.

Pokatzky: Wieweit hast Du denn Angst, wenn Du Dich jetzt sehr kritisch mit bestimmten Aspekten dieser alten DDR auseinandersetzt, daß Du dann im Grunde 18 Jahre Deiner polizeilichen Biographie und damit ja eigentlich so den wichtigsten Teil Deines bisherigen Lebens abschreiben müßtest?

Nickel: Ja, also, ich schreib' den nicht ab, muß ich klar sagen.

Es ist 'ne schlimme Erfahrung, etwas falsch gemacht zu haben oder an einer Sache beteiligt gewesen zu sein, die vielleicht vom Ansatz her okay war; ich glaube, daß sie das war, daß die programmatischen Zielstellungen, Wünsche und Hoffnungen der Menschen in der ehemaligen DDR das nicht verdient haben, was dann letztlich daraus wurde und was passiert ist. Bedauerlich für mich ist an diesem Punkt, wie mit diesen Problemen, die wir haben, umgegangen wird, wie schulmeisterlich, wie oberflächlich und so aus der Rolle eines Richters oder eines Siegers heraus man sich heute anmaßt, Dinge einzuschätzen, die, ob sie nun mich angehen oder meine Eltern oder andere Menschen, dann doch sehr, sehr tief gehen.

Und so müssen wir, müssen ich und andere eben damit leben, diejenigen zu sein, die 18 Jahre ein Stück daneben gearbeitet haben – aber verlorene Jahre waren es nicht.

Pokatzky: Aber es ging jetzt so ein ganz klein wenig in die Richtung, als ob Du doch auch bedauerst, daß diese alte DDR untergegangen ist.

Nickel: Ich bedauere, in dieser Art und Weise betrogen worden zu sein. Ich glaube nicht, daß man einem Menschen vorhalten kann, daß er ein bestimmtes Ideal verfolgt oder bestimmte Sehnsüchte hat. Mir tut weh, daß viele Dinge, die für den Menschen an sozialen Aspekten weg sind, einfach nicht mehr da sind.

Pokatzky: Du sagtest, Du fühltest Dich betrogen. Von wem betrogen?

Nickel: Betrogen von der Parteiführung der ehemaligen DDR, ganz eindeutig. Ich war ein Mensch und bin es auch noch, der, wenn er von etwas überzeugt ist, das auslebt und dafür geradesteht. Und für mich war es logisch und sinnvoll, für die Befreiung des Menschen – das ist ein bißchen hochtrabend, aber – für die Befreiung des Menschen von Ausbeutung zu sein, in einem solchen Staat zu leben, in dem das postuliert wurde, in dem es so sein sollte und dazu gehörte. Ich bin ja auch freiwillig Mitglied der SED geworden. Und das habe ich aus der Überzeugung heraus getan, daß ich mich mit diesem Statut der SED voll identifizieren kann, in welchem es hieß, daß ich selbst so zu leben habe, daß ich jederzeit eines Kommunisten würdig bin, und, jetzt könnten wir wieder daraus vorlesen – aber ich habe wirklich so gelebt, ich habe ehrlich, bewußt, fleißig meine Arbeit gemacht, mich bemüht, so zu leben: uneigennützig, für andere. Und ich habe so gelebt.

Pokatzky: Und Du meinst, das Politbüro hat nicht so gelebt?

Nickel: Die haben nicht so gelebt.

Pokatzky: Was hast Du am 4. November genau gemacht?

Nickel: Ja, am 4. November bin ich, das war mein erster Polizeieinsatz in Zivil, mit einer großen Schärpe quer rum: »keine Gewalt« – die Fotos dazu und auch diese Schärpe hebe ich mir gut auf –, da bin ich mit Pfarrer Eppelmann und weiteren Organisatoren an der Spitze des großen Demonstrationszuges gelaufen; wir haben den gesichert bis hin zum Alexanderplatz geführt. Es waren kluge, engagierte Menschen – ich meine jetzt unsere Künstler damit –, die von der Volksbühne aus das erste Mal in dieser DDR Volkswillen artikuliert und die Demonstrationen auch vorbereitet haben in dieser Art und Weise und die zunächst auch noch sehr viele Vorbehalte gegen mich und meine Kollegen hatten; die waren's, die mich beeinflußt haben, und für die und mit denen wollten wir auch weitermachen und diese Revolution zu Ende führen – und so haben die meisten Kollegen dann gedacht.

Also, das war schon 'ne ordentliche Erfahrung, die mir auch viel, ja, Motivation gegeben hat, so weiterzumachen, die mir, meinen Kollegen, allen die Gewißheit gegeben hat: Okay, guckt, es geht, das ist alles beherrschbar.

Pokatzky: Warum war die Volkspolizei bereit, das zu tun? Als naiver Westler muß ich das jetzt einfach fragen. So viele bei uns haben ja gedacht, es könnte so etwas wie in Peking auf dem Platz des Himmlischen Friedens geben. Also, wo waren die bewaffneten Kräfte, die dieses System ja eigentlich hätten verteidigen sollen?

Nickel: Man hat ja immer gesagt, die Söhne und Brüder der Arbeiterklasse in der Nationalen Volksarmee oder sonstwo...

Es hätte sich keiner, kein normal denkender Mensch zu Dingen hergegeben in der ehemaligen DDR, wie sie heute in Jugoslawien oder vorher anderswo passiert sind. Man hätte Demonstrationen auflösen können, aber man hätte nie Mord und Totschlag befehlen können. Also, ich weiß, es gab genug Polizeiführer – ich fang' bei mir an: Ich wär' zu solch einer Tat nicht fähig gewesen. Wir hatten ja am 7. und 8. Oktober auch unsere Probleme in Berlin. Ich meine im Zusammenhang mit den Feierlichkeiten zu 40 Jahren..., 40 Jahren DDR: Alexanderplatz, Gethsemanekirche, die Ausschreitungen der Polizei, die einen Untersuchungsausschuß nach sich gezogen haben. Ich weiß, daß es in der Folgezeit eben durch diese Ereignisse am 7. und 8. Oktober sicherlich ein Großmaß an Besonnenheit bei uns gab, anders mit Demonstranten umzugehen.

Pokatzky: Du meinst, durch diese Ausschreitungen, wo die Polizei dann ja sehr ins Blickfeld der Kritik rückte, hat dann ein Denkprozeß bei den Polizisten eingesetzt?

Nickel: Der fing schon in diesen Tagen an. Ich weiß, daß ich persönlich im Bezirk Mitte mit meinen Kollegen keine Menschenrechtsverletzungen zu verantworten habe und hatte und meine Kollegen dort nichts wider den Auftrag der Volkspolizei getan haben.

Pokatzky: Aber wer hat das dann getan?

Nickel: Mich hat tief beeindruckt, daß Menschen berichtet haben, sie seien mit Keulen oder Stangen durch Volkspolizisten geschlagen, gestoßen worden und ähnliche Dinge. Ich muß ehrlich sagen, ich hab' für mich gesagt: Das sind Lügen, das sind Dinge, die irgendwo in der Gerüchteküche westlicher Medien zum Anheizen oder sonst irgendwas da so reingetragen wurden. – Das ist noch ein bißchen alte Denkart, wie da so geredet und gesprochen wurde. – Fakt ist, daß ich während einer

Volkskammertagung dem damaligen Innenminister Diestel eine Depesche mit 'nem Funkwagen in einer Beratungspause rüberbringen lassen mußte, in der vermerkt war, daß derartige Dinge, also diese Stangen und andere Hilfsinstrumente, im ehemaligen Außenministerium der DDR gefunden wurden – offensichtlich für eine Diensteinheit der Staatssicherheit, die mit diesen Dingen im Bereich des Lustgartens agierte und damit umgegangen ist.

Pokatzky: Also war es die Staatssicherheit?

Nickel: Ich habe im nachhinein erfahren, daß Leute in Polizeiuniform, die meine Polizisten waren, derartige Handlungen begangen haben.

Pokatzky: Wieweit hattet Ihr denn sonst mit der Staatssicherheit zu tun?

Nickel: Ich habe auf dienstlicher Ebene, auf der Grundlage von Befehlen und Weisungen, Informationspflichten gegenüber dem Ministerium für Staatssicherheit wahrgenommen, das war 'ne Kreisdienststelle. Wenn jetzt ein Raubüberfall oder ähnliches war oder unser Rapport über die polizeiliche Lage – das dort hinzusenden, deren Dienstherrn anzurufen, mitzuteilen, das und das gibt es, das waren meine Aufgaben. Also, ich hatte Kontakte nur in diesem festgelegten dienstlichen Rahmen.

Pokatzky: So, jetzt kommen wir zur Gesamtberliner Polizei, zum 1. Oktober 1990, also zwei Tage vor der deutschen Vereinigung, als sich ja die West- und Ostberliner Polizei bereits vereinte.

Nickel: Wir haben durchaus gesagt: Okay, wir waren in dieser SED, in dieser Polizei, wir haben diesen Staat getragen, aber wir waren recht erfolgreich, was die Kriminalitätsbekämpfung und ähnliche Dinge anging; und wir haben sicherlich auch etwas mit einzubringen in diese Ehe: Professionalität – sicherlich nicht nach westlichem Standard. Wir mußten lernen, daß ganz andere, sagen wir mal, Qualitätsparameter hier heranzuziehen waren.

Pokatzky: Nämlich?

Nickel: Nämlich Technik, Funktechnik: Das fängt bei den Gebäuden an, beim Mobiliar – das gesamte Kommunikationssystem in der Polizei war eins der größten Handikaps und ist es auch heute noch. Professionalität meinte ich auch in dem Sinne, daß man Kenntnisse zum Ostteil brauchte, Insiderwissen. Man mußte, um effektiv arbeiten zu können, neben den Ortskenntnissen auch sicherlich wissen: Was bewegt die Menschen hier in dem Kiez.

Pokatzky: Also die Mentalität.

Nickel: Die Mentalität, die konkreten Lebensumstände. Unsere Hoffnungen sahen anders aus als das, was dann passierte. Ich selbst bin heute, zwei Jahre nach der unmittelbaren Vereinigung, noch enttäuscht darüber, wie langwierig dieser Prozeß der Zusammenführung beider Polizeien sich vollzieht.

Pokatzky: Wie waren so Deine ersten Erfahrungen mit den Westkollegen? Wie sind die Dir gegenübergetreten und Du ihnen, als Du mit ihnen Funkwagen gefahren bist? Es ist ja so, daß auf einem Funkwagen in Berlin jetzt immer ein Ostler und ein Westler sitzen – der Westler als Streifenführer, der Ostler als Begleiter.

Nickel: Also, dieser junge Schutzpolizist, der dann de facto mein Vorgesetzter war, mit mir fahren mußte – ob er wollte oder nicht, ich wurde eben ihm zugeteilt –, der hatte sowohl die Verantwortung für das, was er rechtlich tat, als auch für das, was ich tat, und war zumindest in der Zeit derjenige, der voll das Sagen hatte.

Und Tommy Türk, das ist dieser junge Mann, mit dem ich dort fahren mußte, der war damals knappe 24 Jahre alt. Nach ersten, anfänglichen Vorbehalten war es so, daß Tommy und ich – heute sage ich Tommy, damals war man noch zuerst per Sie –, daß Tommy und ich gleich beim ersten Einsatz einen gewalttätigen Straftäter festnehmen konnten. Und da merkte er, daß ich eben sehr gut klarkomme damit, wenn's darum geht, mal zuzupacken und... Nach diesem Einsatz folgten noch viele, bis dann auch so das Vertrauen da war, daß wir gesagt haben: »Mensch...«

Heute, auf'm Alex, die Hütchenspieler dann, sind wir beede quer übern janzen Alex hinter Hütchenspielern her, nur um die festzunehmen und strafrechtlicher Verantwortung – zumindest Überprüfung – zuzuführen. Das alles haben wir gemeinsam gemacht.

Bei dem zurückhaltenden Verhältnis seinerseits und auch, ja, meiner gebotenen Zurückhaltung – wenn ich auch ein bißchen mehr Lebenserfahrung hatte – wußte ich auch gleichzeitig, was ich dort eigentlich, ja, für 'ne Chance habe, dort unten zu beweisen, bei diesen Menschen, daß ich nicht das bin, was hier manch einer annahm oder was gemeinhin auch verbreitet wurde über Polizeiführer der Volkspolizei. Das wurde ein sehr herzliches Verhältnis, was über das Du mehr als nur kameradschaftlich wurde. Überhaupt hab' ich mich zum Schluß in dieser Schicht sehr wohlgefühlt, und es fiel mir schwer, mich von diesem Kollegen zu trennen und wieder eine andere Arbeit zu machen. Insbesondere meine Kollegen aus dem ehemaligen Ostteil haben mich unterstützt, und es gab keinen, der irgendwas gehabt hätte oder gegen mich vorgebracht hätte aus der Vergangenheit. Diese Erfahrung hat mich auch reicher gemacht und mir eigentlich gezeigt, daß auf dieser Ebene die Vereinigung auch in den Köpfen wesentlich weiter vorangeschritten ist als auf anderen Gebieten.

Aber ich kann mich sehr schwer nur mit dem Gedanken abfinden, daß Kollegen, die wie ich dieselbe Arbeit gemacht haben, dieselbe Ausbildung hatten und heute weniger qualifiziert sind für diese Arbeit, als ich das bin durch die – muß ich sagen – guten Leistungen in Berlin, die auf diesem Gebiet hier geboten wurden –, daß diese Kollegen, ja..., in Amt und Würden sind oder Rang und Namen haben in...

Pokatzky: ...in den anderen Bundesländern.

Nickel: ...in den anderen Bundesländern, in den neuen; daß also Kollegen, mit denen ich studiert habe an der Hochschule oder Offiziersschule, daß bei denen weitestgehend alles geregelt ist, und bei uns immer noch nicht.

Pokatzky: Das heißt, wenn Du nach Brandenburg gingest oder nach Sachsen oder Thüringen, Mecklenburg-Vorpommern, Sachsen-Anhalt, dann hättest Du ganz andere Möglichkeiten.

Nickel: Ich weiß, daß andere in Brandenburg – nehmen wir mal konkret das, was uns umgibt – diese Möglichkeiten hatten, auch richtigerweise hatten, davon möchte ich mal ausgehen. Und ich weiß, daß es noch ein ganz derbes Problem gibt, wenn die politische Entwicklung dieser Regionen Brandenburg und Berlin sich so vollzieht, wie sie sich die Politiker mit dem Staatsvertrag und ähnlichen Dingen ausgedacht haben.

Pokatzky: Du meinst den Zusammenschluß.

Nickel: Ja, den Zusammenschluß; dann sehe ich große Probleme.
  Ich denke auch, daß man, wenn man den Rechtsstaat so erlebt hat, wie wir ihn jetzt erleben durften, immer noch rechtliche Mittel und Möglichkeiten hat, Ansprüche, die man zu haben glaubt, durchzusetzen. Ich denke, daß das noch ein Weg ist, den ich beschreiten könnte oder würde: Eine solche Frage dann grundsätzlich beurteilen und klären zu lassen.

Pokatzky: Also vor Gerichten?

Nickel: Zum Beispiel.

19. Oktober 1992

»Keine Angst vor den Menschen«

Die Ärztin Erika Lietz
im Gespräch mit Iris Fulda

Erika Lietz, geboren 1941. Studium der Medizin in Rostock, arbeitete an den Polikliniken in Gadebusch (1969–71) und Güstrow (1971–92). Seit der Abwicklung der Poliklinik Güstrow niedergelassene Ärztin. Fraktionssprecherin des Neuen Forums in der Stadtverordnetenversammlung von Güstrow.

Fulda: Frau Lietz, wenn Sie Ihre Geschichte in der DDR mit einem Satz zusammenfassen müßten, wie würden Sie Ihr Leben in den letzten 10, 20, 30, 40 Jahren beschreiben?

Lietz: Ich würde sagen: Mein ganzes Leben hier in der DDR war eine ständige Herausforderung, weil ich nach DDR-Ansichten in das falsche Elternhaus geboren war, weil ich danach eingestuft wurde und mich den Herausforderungen stellen mußte.

Fulda: Sie sagen: Das falsche Elternhaus. Erzählen Sie von Ihrem Elternhaus.

Lietz: Ich komme aus einem Pastorenhaushalt und hatte einen für die DDR sehr unbequemen Vater, der nicht alles akzeptierte, der völlig unangepaßt lebte.

Fulda: Erinnern Sie sich denn an ein Ereignis in Ihrer Kindheit, wo Sie so quasi selber vorgelebt bekamen, was Zivilcourage ist?

Lietz: In jeder Anfrage, die irgendwo war, ob da Appelle waren oder Unterschriftensammlungen – oder als Stalin

gestorben war, da wurde in unserem kleinen Ort auf Rügen ein Stalin-Bild hingestellt, und der Vater sollte davor den Hut ziehen – das ist eine uralte Geschichte –,
aber die haben dies da probiert. Und die Leute haben
den Hut gezogen. Zu der Zeit trug mein Vater einen Hut,
einen richtigen Hut, und er hat gesagt: Ich denke überhaupt nicht dran, vor diesem Bild den Hut abzunehmen.
Da kamen Leute zu ihm und haben gesagt: »Aber Herr
Pastor, so was können Sie doch nicht machen.« Und da
hat er gesagt: »Ich kann! Ich ziehe vor einem Bild nicht
den Hut!«

Dann war da eine Geschichte von Leuten, die schon
zweimal fliehen mußten, die kamen irgendwo weit aus
dem Osten. Erst mußten sie nach Polen und dann eben
in die DDR als Flüchtling, und dann hatten sie eben eine
Flucht in den Westen geplant. Wir wußten nichts davon,
überhaupt nichts. Aber auf irgendeine Weise hat mein
Vater rausgekriegt, wo die Verhandlung war, und die
war in Rostock – als Schauprozeß. Auf Rügen war das
nirgendwo ausgehängt, aber wir haben irgendwie davon
erfahren. Wir wußten nur, die Leute waren einfach weg.
Und der Vater ist eben dahin zu diesem Prozeß, der eigentlich so ein Lehrbeispiel war für irgendwelche Juristen. Er ist dahin in diesen Richtersaal. Dann kam eine
ganz scheußliche Verhandlung; die Leute sind auch
dann verurteilt worden, und es war ganz, ganz gräßlich
– weil es ein Lehrbeispiel für Juristen war. Und dann
hat er da gesessen und hat dieses alles protokolliert, alles was da war. Das war verboten, und man machte ihn
darauf aufmerksam, daß er das nicht dürfte und so. Und
er hat es einfach verstanden..., indem er glatt gesagt hat,
er wäre ein alter Mann und er könnte sich das nicht so
merken, und dann müßte er sich das mal aufschreiben,
und das interessiert ihn; also mit einer völligen Naivi-
tät, aber überzeugend rübergebracht: »Das brauch' ich
für mich, und nun habt euch mal nicht so.«

Er war für diese Leute so wichtig – das wissen wir im
nachhinein von Angehörigen –, das war der einzige
Lichtblick für sie. Und meinem Vater war es wichtig zu
wissen: Wie machen die das und worum geht es denen?
Er wußte, daß keiner über diese Leute redete im Dorf;

er wußte, daß sie da ganz alleine sind, und er wollte ihnen nur das Gefühl geben: Ich bin da! Ich kann nichts für euch tun, gar nichts! Ich darf auch nichts sagen.

Und trotzdem: Indem er das alles dokumentiert hat und dann uns, seinen Kindern, oder Leuten, von denen er meinte, das ist wichtig für die, denen zu sagen, so läuft das ab, so wird das aufgezogen, so wird gefragt, das sind die Eckpunkte, wo sie nachhaken, wo sie festnageln, wo sie sich ihre Formulierungen aussuchen, um dieses dann für sich auszuwerten...

Das ist es immer gewesen, daß man die Sachen, die von Staats wegen irgendwo aufgezogen wurden, daß man sich denen gestellt hat, daß man dahin gegangen ist, daß man sich nicht gedrückt hat, daß man das aufgenommen hat und dann verarbeitet hat und gesagt hat: So läuft das!

Fulda: Wie haben Sie das geschafft, daß Sie allgemeine Medizin studieren durften?

Lietz: Einmal komme ich aus einer Familie, wo es nur zwei Fachrichtungen gab: Eine Seite waren Pastoren, eine Seite waren Mediziner – meine Mutti war ja auch Medizinerin. Und für mich war es ganz einfach soziales Engagement – das kann man in diesem Beruf irgendwo verwirklichen.

Fulda: Und dann haben Sie gesagt: So, ich will jetzt Medizin studieren. Ich könnte mir vorstellen, mit einem Vater, der sich anlegt mit den Behörden, ist das nicht ganz so einfach.

Lietz: Es war ja schon so, daß mein älterer Bruder nicht zur Oberschule durfte; das konnte dann aber geregelt werden über die Regierung, weil der Vater seinerzeit in Berlin vorstellig wurde. Das ging damals alles noch. Zu meiner Zeit war's dann nicht mehr möglich über Berlin.

Fulda: Wann war das?

Lietz: Das war 1958. Aber deshalb hatte mein Vater

trotzdem nicht aufgegeben. Er hatte sich entschieden für die DDR. Er hat auch immer gesagt, daß das das Land ist, wo man lebt, wo man hineingekommen ist – wir sind ja nicht hineingeboren, wir waren ja nun schon Flüchtlinge – aber trotzdem, daß man da, wo man steht, eben seinen Auftrag erfüllt. Er war nicht dafür, daß man das Land verließ. Und das ist auch so eine von diesen Maximen: Man bewährt sich da, wo man steht, man läuft nicht weg, man stellt sich den Herausforderungen. Und dann kam das nächste: Diesen Genossen und diesen Leuten können wir dieses Land nicht überlassen. Das kann nicht sein!

Wenn man das erkannt hat, daß hier viele Dinge ausgenutzt wurden, daß die Dummheit oder das Unvermögen von vielen Menschen ausgenutzt wird, um sich selber nach oben zu bringen oder Besitz anzureichern und so etwas, und das dann alles noch politisch, eben auf eine für mich sehr fragwürdige Weise verkauft wird – das kann man nicht einfach so lassen. Und da kann man auch nicht einfach in ein anderes Land gehen, wo es anscheinend besser ist, wo man noch 'nen Lastenausgleich oder so was kriegt; was soll das?

Und in meiner Zeit eben... – ich hätte nie Pastorin werden wollen. Ich wußte ja, in was für Schwierigkeiten Pastoren geraten, und ich mußte ja nicht gerade noch Schwierigkeiten suchen.

Fulda: Aber es hat Sie nicht abgehalten, einen Pastor zu heiraten, und zwar Heiko Lietz. Damit hatten Sie ja sozusagen auf dem Umweg die Schwierigkeiten sowieso wieder zu Hause. Sie müssen lachen!

Lietz: Ja, das ist richtig. Das fand ich auch nicht so gut, als ich meinen Mann kennengelernt hab', daß er ausgerechnet ein Theologie-Student war. Das geb' ich ehrlich zu. Es gab überhaupt keinen anderen Partner als diesen, der damals schon sagen konnte, als wir uns kennenlernten: Ich werde nie im Leben meine Entscheidung anders fällen wegen einer Frau, weil die das nicht mitträgt; ich werde nie meine Entscheidung anders fällen, weil ich Kinder hab', und das dann vorschieben, damit ich meine Entscheidung eben so fällen kann, weil sie im Moment bequemer ist. So hab' ich meinen Mann kennengelernt, und da ist er sich auch treu geblieben.

Und das ist etwas ... – wo man nur umgeben war von Leuten, die nur immer Kompromisse machten und meistens auch faule Kompromisse und immer angepaßt lebten; also das, das war der Mann für mich. Und der ist es auch noch. Das ist auch heute noch so – wieder unangepaßt und so etwas, aber das ist ein Partner, mit dem ich insofern gut leben kann.

Fulda: Sie haben ja nun auch einige Berg- und Talfahrten erlebt mit diesem Mann, mit Heiko Lietz, der ja heute zu einem der Initiatoren des Leipziger Forums gehört, zusammen mit Ullmann. Heiko Lietz war Pastor in Güstrow; er war es nicht so lange, denn er ist von sich aus zurückgetreten, wenn man das so sagen kann – also er hat von sich aus den Job aufgegeben. Sie mußten dann umziehen, aus dem Pastorenhaus raus in eine andere Wohnung, und die Staatssicherheit war wohl immer dabei.

Lietz: Das kann man so sagen, auch wenn unsere Akte vernichtet wurde – davon können wir heute ausgehen. Aber was wir jetzt auch an Belegen gefunden haben, macht ganz deutlich, daß uns unsere Spürnase nicht im Stich gelassen hat: Bei allem, was wir an Zusammenhängen – wie da gearbeitet wurde – zu erkennen glaubten, wird jetzt doch sehr deutlich, daß das alles so stimmte.

Wir sind nicht nur in Einzelfällen überwacht worden, sondern irgendwo hatte man ein gezieltes Interesse daran, diese Familie Lietz aus dieser Stadt herauszubekommen, und hat sich aller Mittel bedient. Ob es nun die Freunde waren, ob es die Arbeitgeber waren, überhaupt alle Institutionen, mit denen man nur irgendwie zu tun hatte: Es wurde versucht, dort über uns Informationen zu bekommen, uns zu beeinflussen, eben überhaupt unseren Lebensweg zu beeinflussen und uns an Grenzsituationen zu bringen, wo eigentlich für uns immer nur die Situation bestand: Jetzt ist Schluß hier in diesem

Land, jetzt stellen wir einen Ausreiseantrag, jetzt pak-
ken wir die Koffer. Und es ist sicherlich falsch, wenn ich
sage, daß wir nicht vier Jahre auf eine Ausreise gewar-
tet hätten. Ich sagte dann meistens, man hätte uns geholfen, den Koffer zu packen.

Und auch nach der Wende, als meine Familie zwischen Weihnachten und Neujahr in Westdeutschland war
und ich hier auf meinem Arbeitsplatz war und noch 'ne
Rot-Kreuz-Spende für Rumänien organisiert hab' zwischen Weihnachten und Neujahr – eben hier wirklich
beruflich festgehalten war –, da kriegte ich dann nachts
'nen Anruf – das war sicherlich kein Zufall. Da fragte
mich jemand: Sie sind immer noch hier, Sie sollten auch
Ihren Koffer packen und verschwinden. Denn das war
zu dieser Zeit, als man noch mal so das Gefühl hatte: Es
kommt alles noch mal wieder. Man informiert sich wieder, und es wurde auch noch mehr gesagt. Das weiß ich
aber heute nicht mehr so genau; es war so etwas Bedroh-
liches irgendwo schon da drin. Und da war für mich dieses »wir sind hier, wir bleiben hier« – das hat man über
Jahre so eingeübt, weil wir uns darauf einstellen mußten, ständig überwacht zu sein, ständig mit dieser
Sicherheit, Staats... mit dieser Staatssicherheit zu leben,
so daß es nichts Fremdes mehr war. Akzeptiert hat man's
ja nie! Trotzdem hat man das Gefühl gehabt, sie essen
mit uns, sie schlafen mit uns, sie sind immer dabei.

Da kann man wütend sein. Aber wenn man dann keine Möglichkeit hat und weiß, man kann zwar gegen 'ne
Mauer laufen, aber raus kommt man eh nicht, dann rich-
tet man sich ein.

Fulda: Haben Sie denn der Stasi signalisiert, daß Sie
wissen, daß eben »Horch und Guck« immer dabei ist?

Lietz: Ja, wir haben ja mit der Staatssicherheit gesprochen und zwar, wenn man am Telefon war und etwas
sagte und man eine direkte Antwort kriegte durchs Telefon – eben von Organen der Staatssicherheit –, dann
hat man zwar mit seinem Gegenüber gesprochen, mit
der Sicherheit, die sich da einmischten, die in der Leitung überhaupt nichts zu suchen hatten, die aber direkt

darauf reagierten, einen auch mit Namen ansprechen konnten und alles; man hat mit ihnen gesprochen, aber man wußte nicht, wer das ist. Die kennen uns ganz bestimmt, aber da hat man ja völlig ungeschützt gesprochen und hat gesagt: »Warum machen Sie das? Und nun gehen Sie endlich aus der Leitung.« Oder ich hab' durch die Wand gesprochen, indem ich gesehen hab', drüben im anderen Gebäude, da bauen sie wieder Abhörapparate auf und so was; und ich hab' durch die Wand gesprochen ins Leere und kriegte aber eigentlich 'ne direkte Antwort, meinetwegen durchs Telefon. Oder einmal hab' ich gesagt: »Da oben müßten Gardinen zugezogen werden, weil das Licht durchscheint« – da kriegte ich die sofortige Reaktion: Man zog die Gardinen zu! Es hat mit mir ja keiner gesprochen, aber ich hab' dann auch gesagt: Ich weiß, daß ihr wieder da seid. Also, ich hab' sie direkt angesprochen, da kriegte ich dann keine Antwort, weil ich ja nun kein Telefon hatte, wo ich 'ne Antwort aufnehmen konnte. Aber ich hab' durch die Wand gesprochen ins Leere, ganz direkt und hab' gesagt: Ich finde das..., ich finde das so ungezogen und unerhört, und was das eigentlich soll. Das hab' ich aber mehr gemacht, um mir Luft zu machen, damit ich leben konnte; und das hab' ich immer gemacht, daß ich mir Luft gemacht hab'.

Ich habe auch, als ich mich mal beschweren wollte bei der Staatssicherheit – eben als sie meinen Mann abgeholt hatten und den nicht zurückschickten –, da habe ich angerufen bei der Staatssicherheit; und man sagte mir – vorgestellt haben die Burschen sich sowieso nicht –, daß mein Mann gar nicht da sei. Aber Gott sei Dank hat man mich auch noch 'nen Satz sagen lassen, und dann hab' ich gesagt, ich wüßte genau, daß mein Mann da ist, und ich würde auch hinkommen; ich würde meine kranken Kinder aus dem Bett holen, und wir würden da alle hinkommen. Und ich hab' ihnen auch gesagt, daß ich genau weiß, wie locker bei ihnen das Schießeisen ist; das hatten sie ja schon mal benutzt und zwei Leute in unserer Stadt erschossen und einen angeschossen; aber ich hätte keine Angst davor, und ich würde hinkommen, und sie könnten von ihrem Schießeisen wieder Gebrauch machen. Aber das war ernst, das habe ich nicht nur so gesagt – und ich hätte es auch gemacht. Und daraufhin hat dieser Pförtner, oder wer auch immer da am Apparat war, mich mit diesem höheren Offizier, oder was er damals war, verbunden. Der stellte sich auch nicht vor, hat mit mir aber gesprochen und gesagt, er würde mir meinen Mann schicken. Also, ich will damit nur sagen: Es war sehr wohl so, daß man Informationen geben konnte und auch den Ernst ganz deutlich rüberbringen konnte – und wenn's bloß eben durch ein Telefon war, weil ja eine andere Möglichkeit überhaupt nicht da war –, daß das aber sehr wohl begriffen wurde und auch sehr wohl darauf reagiert wurde.

Fulda: Hat sich das denn nach der Wende bezahlt gemacht, daß diese Leute dann vielleicht auf Sie zugekommen sind? Sehen Sie diese Leute noch? Güstrow ist ja überschaubar, man wohnt ja doch noch hier.

Lietz: Es ist sehr unterschiedlich, wie Genossen, Stasileute, mit ihrer Vergangenheit umgehen. Die einen verdrängen es total: angepaßt, ganz vorne, man sieht nur noch die Hacken. Einer nahm die rechte Hand an die Brust und sagte: »Frau Lietz, ich war schon immer aus innerer, innerster Überzeugung Demokrat.« Da konnte ich bloß sagen: »Wann denn?« – Es ist schwierig, es ist wirklich schwierig, jetzt diesen Leuten klarzumachen: »Ich will dich nicht in die Pfanne hauen.« Ich will weiterleben, ich will aber, daß deutlich gemacht wird, was passiert ist. Und da kneifen sie, und das finde ich nicht gut.

Fulda: Lassen Sie mich zum Schluß mal eine ganz andere Sache ansprechen: Man kann ja nicht über Güstrow reden und auch nicht nach Güstrow fahren, ohne einen oder eine, die in Güstrow lebt, zu fragen: Wie war das eigentlich damals, als der Kanzler Schmidt sich mit dem Genossen Honecker in Güstrow traf?

Lietz: Der Schmidt-Besuch war ein Trauma für mich, das heißt, ein ganz schlimmes Erlebnis, eine Erfahrung, wie eine ganze Stadt in Ketten gelegt werden kann. Es war auch als eine Übung programmiert, für die die entsprechenden Leute, die es zu organisieren hatten, auch hinterher mit sehr hohen Auszeichnungen versehen wurden. Es war ein Ausnahmezustand hergestellt worden, durchorganisiert, perfekt bis zum I-Tüpfelchen. Jeder, der irgendwo angestellt war, war erfaßt: wann er wie wo arbeitet, welche Wege er an dem Tag zu begehen hat. Es wurden Leute in Turnhallen gebracht, sie wurden ausgesondert. Es wurden Arbeiten für bestimmte Leute festgelegt, die sie an dem Tag zu verrichten hatten, bloß damit sie weg waren von der Straße; die Straßen wurden ja sowieso abgesperrt. Die Vorbereitungen waren ohnehin schlimm – bis zum Graszupfen von Krankenschwestern zwischen den kleinen Felssteinen, Katzenköpfe sagen wir dazu, unsere Straßen hier in Güstrow sind ja noch so schön alt. Also, wir haben das nach unseren Möglichkeiten schon gut vorbereitet, damit alles ungefähr ein bißchen ordentlich aussah. Aber nachher hatten wir ja sowieso Glück, weil Schnee lag – es war gar nicht nötig, daß wir uns da bemüht hatten. Das war die eine Geschichte.

Dies andere eben: Unser Haus kriegte schon drei Tage vorher vor die Einfahrt zwei große Herren der Staatssicherheit gestellt, die uns bewachten und unsere Leute, die da ein- und ausgingen, und bei uns immer wieder – auf dem Weg zur Arbeit, auf dem Weg zum Einkauf – den Personalausweis kontrollierten: Man mußte immer an diesen Herren vorbei, und immer wieder mußte man sein Dokument vorlegen. Es war schon sehr eigenartig, auch die Belehrungen eben, die wir von seiten des Chefs bekamen – nicht nur ich, sondern die ganze Belegschaft unseres Krankenhauses –, daß wir mit niemandem zu sprechen hätten, auch mit keinem, der eventuell Journalist sei und aus dem Westen käme oder so etwas. Und ich hatte dann aber wieder das Vergnügen, als ich nach Hause kam, einen West-Journalisten vorzufinden. Ich kannte ihn nicht, ich hatte den Mann nie gesehen, nur, er saß da eben bei uns; und gerade mit so einer Belehrung, keinem West-Journalisten zu begegnen und keine Antwort zu geben, war das schon etwas schockierend für mich, als da jemand saß in meiner Wohnung; nebenbei saß 'ne junge Frau, die ich damals schon als IM, also Informeller Mitarbeiter oder so etwas, einstufte, weil, es war eine solche unwirkliche Situation.

Ja, dieser West-Journalist war pfiffiger gewesen als die anderen – es war Dieter Bug vom »Stern«; der war schon, bevor Güstrow abgesperrt wurde, in die Stadt gekommen. Und weil er nun mal drin war, wurde er nicht ausgewiesen aus der Stadt, und wo sollte der Mann nun hin? Also blieb er bei uns.

Das war oft so, daß Leute eben einfach so bei uns gewohnt haben. Ich bin damit klargekommen.

Fulda: Das heißt, Sie hatten also die Stasi im Haus und einen West-Journalisten. Und die begegneten sich da auch.

Lietz: Ja, wir hatten die Stasi im Haus insofern, als zehn Leute nur in unserem Haus saßen: Auf dem Boden saßen die, und auf dem Flur waren sie und hinterm Haus, im Gartenhaus und im Vorhaus waren sie, da hatten sie irgend 'ne Technik aufgebaut. Ob sie nun abgehört haben, was ich vermute, oder ob sie auch gefilmt haben, das weiß ich alles nicht, jedenfalls also mit Apparaten auf unser Haus gerichtet. Sie saßen da überall und eben, wie gesagt, nicht nur an dem Tag vom Honecker-Besuch – sie waren schon vorher da. Aber, allerdings, das war ja noch im Vorhaus; es war ihnen zugestanden von dem damaligen Superintendenten, daß sie auch im Gemeindebüro sitzen könnten, weil sie dann Telefonanschluß hatten. Also, es war eine Serviceleistung der Kirche damals mit dem Gemeindebüro, und es war dicht neben unserem Wohnzimmer.

Da wir aber das Gefühl hatten, daß wir sowieso nun so gut bewacht werden durch diese vielen Leute, haben wir uns eigentlich einen sehr netten Abend mit Herrn Bug gemacht und haben wirklich über alles gesprochen: über seine Reisen mit Herrn Honecker und alles so was und über ganz private Dinge.

Wir haben dies einfach ignoriert und haben uns davon nicht beeinflussen lassen wollen. Er war ja nun mal da, und er mußte nun mal bei uns schlafen; im Hotel hätte er ganz sicher kein Zimmer gekriegt, na – dann blieb er eben.

Fulda: Und die Stasi wußte, daß das ein West-Journalist ist?

Lietz: Er mußte genauso wie wir seinen Ausweis zeigen, und er hatte einen solchen Ausweis, daß er akkreditiert ist in der DDR. Es war da irgendwie nicht möglich, ihn wieder rauszuschmeißen aus der Stadt, wenn er nun mal drin war.

Fulda: Wenn Sie ein Fazit ziehen aus Ihrem Leben in der DDR und mit der DDR – mit welchem Motto haben Sie sich eigentlich über Wasser gehalten?

Lietz: Irgendwann habe ich gelernt, keine Angst zu haben vor den Menschen, und wenn sie sich noch so wild gebärden; und ich habe gelernt, daß dies die größte Waffe für mich selber ist, indem man anderen Leuten das Gefühl vermittelt: Ihr könnt machen, was ihr wollt. Die Angst, die ihr von mir erwartet, daß ich sie euch entgegenbringe, die habe ich nicht. Weil ihr nicht die Obersten und die Letzten für mich seid und eure Argumente, die ihr mir vorbringt, für mich nicht überzeugend sind.

Und das ist eine Erfahrung, die ich gemacht hab' und die mir auch kein Mensch wieder nehmen kann; auch wenn man gar nichts weiter ist als man selber, man gewinnt für sich selber eine Freiheit – so muß ich das sagen –, mit der man auch leben kann. Das ist die tollste Erfahrung, die ich in dieser Zeit gemacht habe und die mich hoffentlich auch noch weiter begleiten wird, auch in der neuen Zeit, die nun ist, mit der ich auch noch nicht so umgehen kann, wie ich müßte.

27. April 1992

»Diese Stadt verdient es«

Der Weimarer Kommunalpolitiker Volkhardt Germer
im Gespräch mit Peter Marx

*Dr. Volkhardt Germer, geboren 1944, ursprünglich
Sportlehrer, dann Schulrat von Weimar; danach bis 1989
stellvertretender Oberbürgermeister (SED) von Weimar
neben dem CDU-Oberbürgermeister Baumgärtel. Januar
1990 Austritt aus der SED; nach der Wende Wahl zum
Oberbürgermeister von Weimar durch den Runden Tisch.
Heute Geschäftsführer einer Aluminiumgießerei sowie
parteiloser Abgeordneter der Stadtverordnetenversammlung von Weimar.*

Marx: Vom Sportlehrer zum SED-Spitzenmann im Rathaus, dann Oberbürgermeister in der Zeit der Modrow-
Regierung, jetzt Geschäftsführer einer mittelständi-
schen Gießerei. Ihre Karriere, Herr Germer, scheint
jedenfalls unter der Wende nicht gelitten zu haben. Gehören Sie immer zu den Gewinnern?

Germer: Nein, das würde ich nicht sagen. Das Leben hat
schon, wenn man zurückblickend die Jahre betrachtet,
einige Tiefschläge parat gehabt, sowohl vor als auch
nach der Wende, das muß ich so sagen. Und die Wende
selbst war schon, wie für alle Menschen in diesem Lande glaub' ich, eine ganz wichtige Zäsur.

Ich hab' allerdings damals eine Stellung gehabt, das
ist richtig – vor der Wende war ich Stellvertreter des
Oberbürgermeisters hier in Weimar, des CDU-Oberbürgermeisters Professor Baumgärtel, und danach wurde
ich von allen Vertretern der damaligen Stadtverordnetenversammlung und den Parteien zum amtierenden
Oberbürgermeister unserer Stadt nach der Wende bestimmt.

Marx: Sie waren ja dort der SED-Kontrolleur des CDU-Oberbürgermeisters.

Germer: Ach, das würde ich so vielleicht in der Form nicht akzeptieren; denn die Hauptstränge der gesamten Geschehnisse sind schon über den Oberbürgermeister gegangen. Das ist richtig: In den Jahren vorher – das kann man so sagen, wie Sie das sehen –, da sind beispielsweise Wahlen immer durch den 1. Stellvertreter geführt worden. Aber diese letzten Wahlen, da war ich ja im Amt, und ich muß sagen, was heute eigentlich ein Glücksumstand ist: Die sind voll unter der Regie des damaligen Oberbürgermeisters, später, unter Modrow, Minister für Bauwesen, gelaufen. Es hat danach auch eine Gerichtsverhandlung gegeben, weil ja hier Leute dieses Wahlergebnis zu Recht angefochten haben, und da gab's also auch eine entsprechende Verurteilung.

Also insofern würde ich mich hier nicht als Kontrolleur beschreiben wollen. Es gab eigentlich einen recht guten Kontakt zu Herrn Professor Baumgärtel, eine gute Zusammenarbeit bei all den Problemen sachlicher Art, die wir hier hatten.

Marx: Nun waren Sie aber der SED-Mann im Rathaus und wurden dann trotzdem vom Runden Tisch zum Oberbürgermeister gekürt. Wie kam das eigentlich zustande?

Germer: Der Runde Tisch und die damalige Stadtverordnetenversammlung haben sicher zunächst mal akzeptiert, daß meine Arbeit vielleicht nicht so kopflastig von der Parteiarbeit bestimmt war – ich sag' das jetzt mal ganz plakativ so, obwohl man das sicher alles differenzierter bewerten muß –, sondern ich habe mich eigentlich, wie immer in meiner Arbeit, auch dieser Stadt und ihren Menschen verpflichtet gefühlt und habe auch versucht, in meiner Leitungstätigkeit, wie ich das auch heute noch mache, so ein bißchen mehr die menschlichen Dinge in den Vordergrund zu stellen. Ich glaube, das ist so der Hebel gewesen, der mir über diese wirklich schwierige Hürde geholfen hat.

Ich bin heute nach wie vor in der Stadtverordnetenversammlung, bin also bei den ersten demokratischen Wahlen im Mai 1990 hier in Weimar gewählt
worden; obwohl ich nur in einem Wahlkreis kandidieren
konnte, habe ich gegen die großen Parteien eigentlich
ganz gut abgeschnitten. Aber das sage ich nur anbei, um
vielleicht deutlich zu machen, daß meine Arbeit auch in
der Vergangenheit hier schon zumindest eine Akzeptanz
hatte.

Marx: Aber wie hat nun der SED-Mann Germer den Zusammenbruch der Mauer in Berlin erlebt; welche Gefühle hatte er, als die zwei deutschen Staaten zusammengeführt worden sind? Brach da ein Weltbild zusammen?

Germer: Das kann ich eigentlich nicht sagen, weil, wie
ich glaube, dieser Punkt, der da kam, ja für viele Insider,
die es in Ost und West sicher gegeben hat, nicht so ganz
abrupt kam. Wir haben zumindest gemerkt, daß hier in
der Wirtschaft die Prozesse immer schwiergier wurden,
daß die Bandagen immer enger wurden, und irgendwo,
haben wir gesagt, wird das mal zu einem, ich sag's mal,
Knall kommen. Was aus diesem Knall herauskommen
würde, das haben wir nicht geahnt. Und wir haben auch
nicht geahnt, daß das so schnell kommt. Aber ich war
von Anbeginn – bei der ersten Demo, das muß ich sagen,
als einziger der Verantwortlichen damals im Rathaus –
immer dabei. Das ist übrigens auch hoch honoriert worden von den neuen Parteien; ich hab' immer Rede und
Antwort gestanden, hab' mich also dort der, der Menge
auch gestellt. Nur muß ich sagen: Diese Demos haben ja
auch deutlich gemacht, daß eigentlich eine Wende
unabdingbar war; es konnte so nicht weitergehen, da
waren wir uns alle einig. Nur, die Kräfte, die damals die
Wende herbeigeführt hatten, hatten ja eigentlich auch
erst mal andere Ziele als das, was nun am Ende rausgekommen ist; und zunächst habe ich mich damit auch
eindeutig identifizieren können. Die Geschichte hat die
Wege anders geschrieben: Es ist so gegangen, daß dann
schon spätestens im Dezember, Januar der Ruf nach der
deutschen Einheit kam.

Marx: Wäre Ihnen eine Zweistaatlichkeit lieber gewesen?

Germer: Ja, zumindest vielleicht über einen gewissen Zeitraum. Wir sehen heute, daß das abrupte Zusammenleben für beide Seiten, das muß ich wirklich sagen, für beide Seiten ganz berechtigte Probleme mit sich bringt, die aus beider Sicht verständlich sind. Ich mache hier keine Vorwürfe an einen Wessi oder keine Vorwürfe an einen Ossi; ich versuche das aus einer ganz neutralen Position mal zu betrachten, das ist für beide Seiten nicht so einfach. Und der Bundespräsident von Weizsäcker hat ja mal gesagt: »Die Teilung überwinden, heißt teilen lernen«. Ich glaube, das ist ein ganz weiser Spruch, und das haben wir alle in dem Maße noch nicht gelernt. Wir müssen erst mal noch ein bißchen verzichten, um ranzukommen an das Niveau; und die andere Seite, also die Altbundesländer, ich sag' das so, müssen ein bißchen bluten für das, was sich im Moment in dieser Gesamtstaatlichkeit künftig darstellen soll.

Marx: Ihr Vater, Walter Germer, war ein Opfer der Partei, der Sie nachher eigentlich die Treue geschworen haben. Ihr Vater saß sechs Jahre in Hohenschönhausen und vegetierte regelrecht in Arbeitslagern. Hat sein Schicksal Sie nicht berührt? Warum sind Sie denn in die Partei eingetreten?

Germer: Lassen Sie mich erst mal auf so eine, von Ihnen flüchtig hingeworfene Bemerkung reagieren: »Die Treue geschworen« – das klingt sehr pathetisch. Ich sag' mal so: Ich war in dieser Partei, das ist richtig, und ich hab' mich auch mit vielen ihrer Ziele identifizieren können. Die klangen ja auch alle nicht schlecht, und ich bin als junger Mann bereits mit 18 Jahren in diese Situation gekommen, nachdem ich nach dem Abitur hier mehrfach Studienablehnungen erhielt, dann den Beruf eines Baufacharbeiters, eines Betonfacharbeiters, in Erfurt erlernte und dort natürlich immer im Auge hatte: Du willst eigentlich mehr. Und es wäre heute, na, ich sag' mal, die Vergangenheit völlig falsch sehen, wenn man sagen würde, man hätte nicht einen gesunden Ehrgeiz gehabt, in irgendeiner Weise auch voranzukommen; den hat wohl jeder gehabt, egal unter welchen gesellschaftlichen Aspekten – auch hier. Dann müßte jeder Ingenieur, auch wenn er nicht in der Partei war und sich engagiert hat für seine Arbeit, heute dastehen und sich fragen lassen: »Warum hast du für diesen Staat so engagiert gearbeitet?« Ich seh' das ein bißchen differenzierter.

Marx: Ja, aber hat Ihr Vater nicht gesagt: »Junge, laß die Finger davon«?

Germer: Ich, ich wollte es gerade sagen. Nein, das hat er nicht gesagt. Es war im Gegenteil so, daß meine Mutter zu den einmal im Vierteljahr stattfindenden Besuchen in Berlin dann eigentlich auf meinen Wunsch hin mit Vater gesprochen hat und ihm gesagt hat: »Du, der Betrieb, in dem er arbeitet, der Baubetrieb in Erfurt, wird nie sein Studium ermöglichen, wenn ... Sie würden ihn...« – das war in der DDR damals so üblich – »...zum Studium delegieren, wenn er sein Bekenntnis dadurch abgibt, daß er in diese Partei geht.«
Und das hat ein paar schlaflose Nächte gegeben, viele Zweifel, ob das richtig ist. Der Vater hat uns dann aber wissen lassen, ich soll mir die Zukunft durch diese Sache nicht verbauen lassen, soll aber gerade und ehrlich bleiben. Er hat mir also wirklich so ein paar Dinge mit auf den Weg gegeben, die ich auch wirklich bis heute, auch unter neuen Bedingungen, versuche zu beherzigen.

Marx: War das eigentlich nicht ein Ratschlag, der Sie – na, ich sag' mal – zum Duckmäuser, zum Anpasser machte?

Germer: Ja, sicher, Anpasser – diesen Vorwurf muß ich mir heute machen, das ist völlig richtig, da mache ich auch keinen Bogen drum rum. Aber man kann natürlich angepaßt arbeiten und dabei auch vielen Leuten – na, ich sag' mal – unter den Bedingungen helfen.
Es hat in der Vergangenheit zahllose Beispiele gegeben – es würde zu weit führen, ich könnte Ihnen ein paar bringen –, wo ich dafür dann geradestehen mußte in der

Kreisleitung; das war üblich, es wurde auch mit Partei-strafen gearbeitet. Das hat viele Genossen getroffen hier damals in dieser DDR, weil sie in irgendeiner Weise viel-leicht punktuell nur manchmal anders dachten und auch anders handelten. Das war zum Beispiel die Hand-habung..., ich kann das nun mal sagen: Ich war vor mei-ner Arbeit als erster Stellvertreter Schulrat in dieser Stadt. Das war die logische Konsequenz, wenn man als Lehrer ordentlich arbeitete, kam man also immer..., die Treppen waren vorbestimmt, da hatten sie sich nicht zu bewerben oder irgend etwas, das ging eben so. Und es war so, daß man dort, na, ich sag' mal, so bestimmte Din-ge handhaben konnte unter Auslegung der Gesetzlich-keiten; beispielsweise dann in den letzten Jahren die Reisen von Pädagogen ins Ausland, ins westliche Aus-land: Da konnte ich entweder auf stur schalten, wie das viele machten – die wurden uns sogar als Vorbild hinge-stellt –, ich konnte das aber auch locker handhaben. Und es sind mir dann ein paar Dinge unterlaufen, ich muß das sagen – unterlaufen ist vielleicht gar nicht der rich-tige Ausdruck –, die habe ich genehmigt im Widerstreit mit den offiziellen Dienststellen, auch der Kreisleitung. Ich hatte dann bitter Lehrgeld zu bezahlen, weil zwei, drei dieser Kollegen nicht wiederkamen: eine Reise nach Israel..., und das war völlig absurd, daß ich..., die hätte ich nie genehmigen dürfen. Ja, aber das waren Dinge, für die habe ich dann geradestehen müssen.

Marx: In einem Gespräch sagten Sie einmal: »Fast alles, woran ich glaubte und was ich wollte, lief konträr zu dem, was landesüblich war.« Woran glaubten Sie denn damals?

Germer: Ja, das ist sicher immer entwicklungsbedingt, und wenn Sie mal so altersspezifisch Jugendzeit, viel-leicht dann die ersten erfolgreichen Berufsjahre als Leh-rer, später dann in dieser... – das waren eigentlich im-mer andere Dinge. Wissen Sie, es ist ja nicht statisch; der Glaube, finde ich, ist nicht statisch, er entwickelt sich mit dem Umfeld und mit den Lebensbedingungen. Wenn Sie mich nun fragen auf die letzten Jahre hin: Ich hab' eigentlich immer daran geglaubt, daß man aus diesem System etwas machen könne, weil es ja eigentlich von der Theorie ganz vernünftig klingt. Und es ist immer alles so auf zeitweilige Übergangsprobleme geschoben worden, bei denen uns aber dann, mit zunehmender Erfahrung, auch deutlich wurde, daß sie eigentlich systemimmanente Probleme waren und eigentlich irgendwo durch das System nicht zu überwinden waren. Und das ist dann so langsam, peu à peu, abgebröckelt. Insofern war das eigentlich ein, ein Punkt, an den ich und viele in diesem Lande so oder so gekommen wären und gesagt hätten: »So geht's nicht weiter.« Ich kann jetzt nicht sagen, ob das noch drei, vier oder fünf Jahre gedauert hätte, aber das meine ich, ja. Und da sind bestimmte Ideale auf der Strecke geblieben, das ist ohne Zweifel so.

Nun gut, jetzt müssen wir uns ganz neu orientieren. Ich muß sagen, ich hab' nach der Wende plötzlich so befreiend gefühlt, wie, na, wie soll ich das sagen, wie unbürokratisch man entscheiden konnte in seinem Amt mit dem Runden Tisch. Ich halte nach wie vor diese Basisdemokratie – diese Basisdemokratie, nicht jede – für ungeheuer wichtig in einer solchen Umbruchsituation. Und für mich waren das so beglückende Momente, eine Aufgabe zu bekommen, an den Runden Tisch zu gehen, dort demokratisch abzustimmen, den nächsten Tag ins Amt zu laufen und zu sagen: »So und so geht's weiter«.

Das waren also die Erlebnisse, und ich muß sagen, da habe ich so viel Kraft in mir gespürt und so viel – ich sag's so pathetisch – auch Glücksgefühl gespürt, daß man wirklich irgendwas bewegen kann für die Stadt. Das ist mittlerweile schon wieder viel komplizierter geworden.

Marx: Weil Sie es gerade ansprachen: Kollegen von Ihnen konnten in den Westen reisen, sie kamen zum Teil nicht mehr zurück. War denn der Westen für Sie kein Ziel, hatten Sie keinen Gedanken an Flucht?

Germer: Der Punkt, der der Flucht, war diskutiert worden mit meiner Mutter, damals, als der Vater in Haft war. Als er zu zehn Jahren verurteilt war hier in der DDR, haben wir schon gesagt: »Wir gehen«. Aber da hat die Mutter gesagt: »Ich kann den Vater nicht allein lassen.« Und sie ist hiergeblieben. Und dann, als der Vater wiederkam, war '61 vorbei, die Mauer stand! Da gab's eigentlich, wenn man nicht das Leben auf's Spiel setzen wollte, keine Chance. Und ich muß auch sagen, ich war dann mittlerweile beruflich integriert als Lehrer, habe an diesem Beruf wahnsinnig viel Spaß gehabt, hätte es auch sicher heute noch, weil die Arbeit mit den Kindern so beglückend ist, daß man darüber viele Dinge eigentlich vergessen kann. Nur, je später die Zeit wurde und je weiter das fortging, um so weniger war ein Gedanke eigentlich noch machbar, um regulär oder wie auch immer diesen Weg zu gehen.

Wir hatten unsere ganze Verwandtschaft mittlerweile in der BRD – in Wuppertal, in Frankfurt und, und, und... Wir waren eigentlich der Rest der Familie, bedingt dadurch, daß mein Vater in Haft war; alle anderen waren vor '61 weggegangen.

Marx: Wenn Sie heute durch Ihre Stadt gehen und die Baugruben sehen, die neu gestrichenen Fassaden, was fällt Ihnen dazu ein?

Germer: Ja, mir fällt eigentlich dazu ein, zunächst mal, wie wenig Möglichkeiten wir vor der Wende hatten – materiell wie auch von der Kapazität her –, hier in dieser Stadt was zu bewegen. Alles das, was wir wollten, ging ja durch viele, viele Kanäle: ging über die Kreisleitung der Partei, ging dann zum Rat des Bezirkes als staatlicher Institution, bis zur Bezirksleitung hin. Es gab viele Projekte in dieser Stadt, wie diese Markt-Nord-Seite, diese neu gebaute, die vor der Wende ja eigentlich fertig geworden war. Das war ein Objekt, das ging über die Bezirksleitung der Partei; und wenn dort einer sagte, »so wird's«, dann hatten wir hier eigentlich in dieser Stadt kaum eine Chance, dort noch etwa dagegen zu reden.

Wir hatten nur mal laut werden lassen, was wir dort

reinhaben wollten, und da hat man uns schon ganz drastisch zurückgepfiffen.

Heute sehe ich nun, daß doch unter marktwirtschaftlichen Bedingungen natürlich Investitionsschübe kommen, ungeahnt, daß Gelder fließen; das ist sehr wohltuend, und ich kann Ihnen eines sagen: Nichts macht mich glücklicher, als in dieser Stadt etwas bewegen zu können und mitzubewegen. Das mache ich ja nach wie vor.

Marx: Und wenn Sie jetzt durch die Stadt gehen, wie ist denn der Umgang mit den Weimarern? Zeigt man auf Sie und sagt: »Das ist die alte Rote Socke«?

Germer: Da wäre es vielleicht günstiger, Sie würden die Weimarer selbst fragen. Aber ich nehm' einfach jetzt mal für mich in Anspruch, weil ich das täglich merke, wenn ich durch die Stadt gehe, und ich muß das sagen, Sie sind sicher nicht der erste Reporter, der mich in irgendeiner Art und Weise hier prüft, in dieser Richtung, sicher auch skeptisch prüft, mit Recht; aber wenn Sie mit mir durch Weimar gehen, werden Sie merken, daß mich also das Gros der Bevölkerung kennt – ich rede mit vielen auf der Straße. Ich hab' eigentlich dort, das darf ich sagen, keine Probleme. Und wir haben natürlich auch in Weimar – vielleicht ist das der Kredit, den ich habe – die Wendezeit mit unheimlichem Kraftaufwand, mit unheimlichem Engagement hier für diese Menschen in dieser Stadt erträglich gemacht – unter Hilfe unserer Partnerstädte Trier und Fulda, die möchte ich an dieser Stelle einfach mal erwähnen; dort gibt's auch heute noch eine gute Zusammenarbeit, auch mit meiner Person. Beide Oberbürgermeister haben die Verbindung nicht abgebrochen, überhaupt nicht. Ich habe jetzt ein Büchlein zur Städtepartnerschaft mitgeschrieben – das sind alles so Dinge, die helfen mir schon. Und ich glaube auch, einer, der vorher, von mir aus, wie Sie sagen, »in Amt und Würden war«, der Verantwortung getragen hat – die gibt es ja vielfältig –, der hat wohl auch das Recht, durch eigene Leistungen... – Ich muß jetzt mal sagen: Ein Dreivierteljahr war ich arbeitslos. Ich bin nicht, so wie das vorhin in Ihrer Anfangsbemerkung anklang, nahtlos in diese Sache gekommen, sondern ein Dreivierteljahr Arbeitslosigkeit... – diese Zeit habe ich ganz bewußt auch durchlebt, habe einfach mal versucht zu erfahren: Was bewegt diese Leute? Und ich kann natürlich heute sehr, sehr gut verstehen, wie es vielen, vielen Menschen in dieser Stadt, in dieser Region, in diesen neuen Bundesländern zumute ist. Und ich glaube, allein dieses Verständnis für die Probleme, das läßt schon in irgendeiner Weise diese Leute fühlen, daß da jemand ist, der ihre Probleme kennt. Und das möchte ich eigentlich nicht missen.

Marx: Ich hab' ein bißchen das Gefühl, Sie wären eigentlich gerne noch Oberbürgermeister.

Germer: Die Frage ist vielleicht nicht ganz leicht zu beantworten, aber ich beantworte sie trotzdem mal mit einem klaren Nein. Wir haben einen Oberbürgermeister hier in Weimar, den Dr. Büttner – jetzt sage ich das ganz, ganz wertfrei: ein Wessi – ich sag' genausogut Ossi und mein' das alles beides recht liebevoll –, ein Wessi, der hier die Geschicke in der Stadt lenkt. Mein Bemühen ist es, in der Stadtverordnetenversammlung, das werden Ihnen alle eigentlich belegen können, seine Arbeit zunächst mal so zu unterstützen, daß wir für die Stadt was bewegen. Es ist nichts geholfen, wenn wir uns hier, egal ob in den Parteien oder – ich bin als einziger, als einziger weit und breit, als unabhängiger Abgeordneter in dieser Stadtverordnetenversammlung –, daß wir uns hier zerfleischen, uns vielleicht in parteipolitische Profilierungen hinauslaufende Diskussionen liefern, das bringt uns nicht weiter. Wir müssen Entscheidungen auf die Tagesordnung bringen und müssen sie möglichst schnell und sachkundig durchbringen. Und das ist eigentlich mein Bemühen.

Und die Kenntnis der Geschichte in der Stadt hier um viele Dinge, die hilft natürlich auch in der Information für die Neuen – ich sag' das so, »für die Neuen«: Wie ist das gelaufen? Was sind die Vorbedingungen gewesen? Und da kann ich schon helfen.

Marx: Warum engagieren Sie sich eigentlich noch in der Kommunalpolitik? Warum sind Sie nicht ausgestiegen, so wie viele SED-Mitglieder? Warum sind Sie nicht in die PDS gegangen, sondern unabhängig?

Germer: Ich war der erste Oberbürgermeister, das darf ich einfach mal sagen, der im Januar 1990, noch vor Herrn Berghofer, aus der damaligen Partei ausgetreten ist. Ich hatte auf einer der ersten Demos hier ganz laut gefordert – das ist alles nachvollziehbar und ist protokollarisch auch festgelegt, und ich bin eigentlich stolz drauf... – Ich muß da im Nebensatz mal einflechten, daß auch die Kirche hier in Weimar eigentlich mein Wirken sehr genau beobachtet und eigentlich auch, jetzt sag' ich mal, die Ergebnisse meiner Arbeit sehr genau registriert hat – wobei ich eigentlich jetzt Verdienste verschweige. Und es hat eine Ausstellung in der Kirche gegeben, in der Herder-Kirche, lange nach der Wende; da wurde diese Zeit einfach noch mal reflektiert, und da bin ich also auch per Bild oft dabei gewesen. Das mag einfach nur mal illustrieren, daß vielleicht ein Schuldkonto, was ich zweifelsohne habe, ich mit mir ganz allein ausmachen muß. Daß ich mich habe einbauen lassen, das kann ich nicht vom Tisch wischen, und das mache ich auch nicht, dazu stehe ich auch. Aber es ist kein Schuldkonto, daß vielleicht jemand nun aufstehen könnte und sagen könnte: Hier hat mir der Herr Germer ganz persönlich geschadet.

Es gab Dinge, das muß ich sagen, die unter Umständen darauf hinausliefen, daß man in der Funktion genötigt war, eine Entscheidung zu treffen: Wenn eine Wohnung zu vergeben war und zehn bewarben sich, die können sie nur einmal vergeben. Haben sie 70 Plätze für eine EOS, also das heutige Gymnasium, und Sie haben 130 Bewerbungen, dann müssen Sie versuchen auszusuchen. Das ist eine, eine Bandage, die ihnen der Staat hier auferlegt. Der Vorwurf, den man sich heute machen muß, ist sicher, daß man sich dort vielleicht in bestimmte Richtung auch hat lenken lassen – das muß ich zweifelsohne sagen.

Aber, wie gesagt, also, ich glaub' schon, daß ich hier in

dieser Stadt den Bürgern in die Augen schauen kann; das mach' ich auch nach wie vor und sehr gern. Und meine Arbeit für die Kommune, das war Ihre Frage, die sehe ich einfach als eine logische Fortsetzung meiner Liebe zu dieser Stadt, die kann ich nicht mit der Wende aufgeben. Ich hab' immer gesagt, egal was hier passiert, auch nach der Wende, ich werde Weimar nie verlassen, und dazu stehe ich. Und ich werde Weimar nicht verlassen. Diese Stadt verdient es, daß man sich als Bürger engagiert, und das machen Tausende – einige an dieser, andere an jener Stelle. Ich stehe eben nun in der Stadtverordnetenversammlung und würde mich auch nächstes Jahr zur nächsten Wahl wieder stellen, wenn das von den Bürgern honoriert wird; wenn nicht, dann würde ich das akzeptieren.

Marx: Wie würden Sie denn die Stimmung in dieser Stadt beurteilen? Versuchen Sie mal, das ganze ein bißchen als Außenstehender zu sehen.

Germer: Ich denke schon, daß allein die optische Aufwertung der Stadt, das Sichtbarmachen von neuen Ansiedlungen, von Gewerbe und Industrie im Umfeld der Stadt, auch im Landkreis, daß das seine Wirkung nicht verfehlen wird. Irgendwie haben die Leute das Gefühl: Jetzt beginnt endlich der Aufwärtstrend. Daß da natürlich eine Menge von Problemfragen die Leute unmittelbar berührt und manchmal den einzelnen ganz stark belasten, das kann man sicher nicht vom Tisch wischen. Aber wenn Sie so ein pauschales Urteil hören wollen, dann glaube ich schon, daß wir jetzt an der Trendwende sind, wo wir sagen: »Es geht langsam, peu à peu aufwärts.« Aber so ein Aufwärtstrend ist ja dann in der zweiten, dritten Phase danach immer etwas progressiv, und da setze ich eigentlich drauf, daß wir in wenigen Jahren, hier in Weimar ganz besonders günstige Bedingungen nutzend, na ja, an das Niveau der Altbundesländer vielleicht annähernd herankommen. Das sage ich mit aller Vorsicht, weil es Unwägbarkeiten gibt, die wir nicht sehen können, konjunkturelle Entwicklungen in der Industrie, auch weltweit.

Marx: Aber wo sehen Sie sich selber, was ist denn Ihr persönliches Ziel?

Germer: Das ist eine sehr interessante Frage. Ich gestehe, daß ich noch am Suchen bin, wo ich mich am besten einbringen kann.

Es ist so, daß mir die Wirtschaft wahnsinnig Spaß macht. Das ist ein dauerndes, wie soll man sagen, »Unter-Spannung-Leben« – das macht Spaß. Aber ich muß mein Engagement für die Stadt in meine Freizeit verlagern, das ist Fakt – also meine Arbeit in der Stadtverordnetenversammlung, in den einzelnen Ausschüssen, in vielerlei Gremien und die Hilfe, die ich gegenwärtig mit Trier und der Nothilfe Trier für, mal angenommen, Jugoslawien mache oder für Tschernobyl: Das sind Dinge, die laufen in meiner Freizeit, die belasten unheimlich, kosten also all das, was man eigentlich der Familie an Zuwendungen angedeihen lassen müßte. Meine Frau hat dafür viel Verständnis, sie weiß, daß ich nicht anders leben kann. Aber, es sind so Dinge, die würde man manchmal lieber beruflich machen. Wenn sich da eine Möglichkeit böte, wäre es nicht auszudenken oder auszuschließen, daß ich also doch wieder in einen Bereich gehe, in dem ich... – Aber wie gesagt: Zunächst mal möchte ich all die unterstützen, die im Moment hier die Verantwortung tragen; und das sage ich mit aller Ehrlichkeit, auch, weil ich eigentlich auch einen guten Kontakt zu diesen Leuten habe.

Marx: Ist diese Arbeit im sozialen Bereich, die Sie jetzt gerade geschildert haben, auch so etwas wie das Verdecken eines schlechten Gewissens?

Germer: Nein, also das würden Sie mir jetzt wirklich unterstellen. Ich, ich habe eigentlich in dem Sinne kein schlechtes Gewissen. Das müßten fast alle haben, die in dieser DDR ausgeharrt haben, bis auf die wenigen, die ganz aktiv Widerstand geleistet haben. Selbst zu diesen Leuten habe ich immer einen recht guten Kontakt gehabt. Das sehe ich eigentlich nicht so wie ein schlechtes Gewissen. Nein, das ist einfach ein Bedürfnis, was ich immer zu befriedigen habe, einfach aus meiner, wie soll ich sagen, Haltung zu menschlichen Fragen überhaupt; ob das den Nachbarn betrifft, ob das eine alte Dame betrifft, die über die Straße begleitet werden will. Ich glaube, daß man diese Hilfsarbeit in den kleinen Dingen auch auf die größeren Dimensionen ausdehnen muß. Und das ist das, was ich eigentlich immer will, und das spüre ich in mir, und da komme ich nicht drum rum. Das ist der Punkt.

24. August 1992

»Die bundesdeutsche Bürokratie als Vollstrecker der Stasi-Absichten«

Der »Wismut«-Kritiker Michael Beleites
im Gespräch mit Hartmut Jennerjahn

Michael Beleites, Umweltexperte, geboren 1964 in Halle, aufgewachsen in Trebnitz bei Zeitz / Gera. Seit 1982 als Mitglied der Umwelt- und Friedensbewegung von der Stasi bespitzelt, wurden ihm Abitur und Studium im Rahmen einer »personenbezogenen Bearbeitung« verweigert. Ausbildung zum zoologischen Präparator in Gera und Berlin, Arbeit an einem naturkundlichen Museum. Seit 1986 Recherchen für eine Studie über den Uranbergbau der Sowjetisch-Deutschen Aktiengesellschaft (SDAG) »Wismut«, die 1988 unter dem Titel »Pechblende« durch eine kirchliche Institution veröffentlicht wurde. Ab 1987 immer wieder Reiseverbote. 1989 Mitglied des Geraer Bürgerkomitees zur MfS-Auflösung; 1990 Berater des Neuen Forums am Zentralen Runden Tisch. Heute Studium der Landwirtschaft (eigentliches Ziel: Biologiestudium).

Jennerjahn: »An der Karl-Marx-Brücke geriet Entomologe 20 Uhr 50 außer Kontrolle.« Herr Beleites, aus heutiger Sicht klingt dieser Satz aus einem Stasi-Bericht über Ihre Beschattung an einem Tag im Juni '88 wahrscheinlich etwas bizarr. Konnten Sie denn, als Sie diesen Text zum ersten Mal gelesen haben – oder können Sie heute – über diese Formulierung lächeln, oder kommt da Bitterkeit auf?

Beleites: Darüber kann ich auf jeden Fall lächeln, weil das wirklich die Hilflosigkeit der Stasi zum Ausdruck bringt. Man hat mich damals mit so 'ner Beobachtungsgruppe verfolgt und immer aufgepaßt, daß ich nicht merke, daß sie hinter mir her sind. Und weil ich aber nicht die Straße langgegangen bin, sondern am Flußufer, wo weit und breit kein Mensch war, nur ein paar Pferde standen, wäre das aufgefallen, wenn mir so ein Trupp Stasi-Leute hinterhergelaufen wäre, und da haben sie eben großen Abstand gehalten.

Und als ich dann plötzlich an der Brücke verschwunden war, da wußten sie nicht mehr, in welche Richtung sie weiter hinterherlaufen mußten, und da haben sie dann eben diesen Satz reingeschrieben. Und das zeigt natürlich, wie lächerlich vieles war, was die da veranstaltet haben an Beobachtungsmethoden und so weiter – was natürlich nicht heißt, daß die Stasi-Verfolgung insgesamt nun ins Lächerliche zu ziehen wäre, das war schon wesentlich ernster, was da passiert ist.

Jennerjahn: Sie haben das schon als bedrohlich empfunden?

Beleites: Ja, durchaus. Zumindest habe ich ab '88, also nach der Veröffentlichung dieser Uranbergbau-Dokumentation »Pechblende«, als dann diese Stasi-Gegenreaktionen nach und nach immer massiver wurden, das insofern als bedrohlich empfunden, weil ich bei allem, was ich tat, immer daran denken mußte im Hinterkopf: »Wie können die das jetzt gegen mich verwenden, wie ist das gegen mich auslegbar?«

Und das ist eine Situation, in der sich nicht lange schadlos leben läßt. Also, ich hab' damals auch wirklich angefangen darüber nachzudenken, einen Ausbürgerungsantrag zu stellen – obwohl ich eigentlich nie in den Westen gehen wollte –, weil es nicht mehr auszuhalten war.

Und ich hab' das dann im Herbst '89 regelrecht physisch gespürt, wie sich ein Druck von mir löste, also wie... wie eine Befreiung plötzlich da war. Und ich denke, wenn das noch länger so gegangen wäre, hätte ich entweder einen Ausreiseantrag gestellt oder ich wäre eben regelrecht physisch krank geworden.

Es bestand ab 1987 eine Reisesperre, das heißt, ich durfte überhaupt nirgendwohin ins Ausland fahren, also auch nicht in den Osten, auch nicht in die Tschechoslowakei. Man hat mir aber nicht gesagt, von dann bis dann ist das verboten, sondern ich hab' das erst an der Grenze erfahren, wenn ich aufgrund dieser Fahndungsliste aus dem Zug geholt wurde. Dann wurde ich begründungslos an der Weiterreise gehindert und mußte auf dem gegenüberliegenden Bahnsteig in der Kälte zwei, drei Stunden warten, bis der nächste Zug zurückfuhr. Und ich mußte immer wieder diese Prozedur auf mich nehmen, an die Grenze fahren, um zu gucken, ob man mich denn nun wieder reisen läßt. Und das ist zum einen was sehr, sehr Entwürdigendes gewesen; zum anderen war es ja nicht so, daß damit nur diese Freundschaften zu Leuten in der Tschechoslowakei oder in Litauen blockiert worden sind, weil ich da nicht mehr hinfahren konnte, oder zu den Leuten aus Westdeutschland, mit denen ich mich nicht mehr treffen konnte, weil die ja auch nicht mehr in die DDR einreisen durften – sondern es sind in gewisser Weise auch Freundschaften zu Freunden in der DDR blockiert worden, weil ich ja mit denen nicht zusammen in den Urlaub fahren konnte. Es fuhr natürlich jeder ins Ausland in den Urlaub, und ich hatte zu Hause zu bleiben. Und das ist natürlich eine Situation, die auf Dauer schon als Psychoterror zu bezeichnen ist.

Jennerjahn: Sie waren ja, wie sich aus Ihren Stasi-Unterlagen ergeben hat, der operative Vorgang »Entomologe«. Wie sind Sie denn zu dieser Bezeichnung gekommen?

Beleites: Ganz genau weiß ich es nicht, weil der Anfangsteil meiner Stasi-Akten vernichtet worden ist, ich hab' nur noch das gefunden, was ab '85 da war. Es war aber so, daß dieser Vorgang 1982 losging, als ich gerade 18 Jahre alt war; und da habe ich in Vorbereitung auf meine Berufsausbildung zum Präparator mir so 'ne Insektensammlung, also Schmetterlingssammlung, angelegt und habe – na – Schmetterlinge gefangen. Bin ab und zu mal mit dem Schmetterlingsnetz durch die Landschaft gelaufen und hab' dann wahrscheinlich deswegen diesen Namen verpaßt gekriegt, weil Entomologe heißt Insektenforscher – und die Stasi hatte sich ja immer solche bizarren Tarnnamen oder Decknamen ausgedacht für die Bespitzelten. Also, das war ja eine Sache, über die ich, als ich zum ersten Mal in die Akten reingeguckt habe, wirklich ganz laut lachen mußte: zu sehen, daß nicht nur die Spitzel Tarnnamen hatten, sondern auch die Bespitzelten – und dann zumeist sehr alberne, aber manchmal auch treffende.

Jennerjahn: Sie sind Jahrgang 1964, also, wenn man so will, ein echtes Kind der DDR, jedenfalls dann, wenn man den Mauerbau drei Jahre vorher als eine sehr wesentliche, sehr entscheidende Zäsur in der Geschichte der DDR nimmt.

Wie ist denn das zustande gekommen, daß Sie trotzdem und ja auch in einer Phase, in der es in der DDR zumindest zeitweise so aussah, als könne es eine Konsolidierung und auch eine gewisse Liberalisierung geben – wie ist es gekommen, daß Sie trotz dieser Umstände so relativ früh, sagen wir, in oppositionelles Fahrwasser geraten sind?

Beleites: Ja, ich glaube, das hat verschiedene Gründe.

Der eine Grund ist sicher der, daß ich in einem Pfarrhaus aufgewachsen bin und daher schon eigentlich 'ne ziemlich liberale Erziehung hatte und auch irgendwo zur Ehrlichkeit erzogen worden bin. Also, meine Eltern haben nicht gesagt: »Du mußt in der Schule den Lehrern nach dem Munde reden, damit du deine Ruhe hast«, sondern ich bin schon in der Richtung erzogen worden, immer das, was ich denke, auch zu vertreten und nicht irgendwie anzufangen zu schwindeln oder so.

Aber der eigentliche Anlaß war, glaube ich, daß ich auf der einen Seite in die kirchliche Jugendarbeit hineinkam, auf der anderen Seite eigentlich schon von Kindheit an sehr naturinteressiert war – ich bin ja auf dem Dorf aufgewachsen und hab' viel auf dem Bauernhof in der Nachbarschaft mitgeholfen. Und auf diese Weise bin ich dann im Februar '82 bei einem Umweltseminar in Schwerin zu dieser kirchlichen Umweltbewegung, die Anfang der achtziger Jahre entstand, gekommen; und das war sozusagen für mich der Punkt, wo sich dieses Naturschutzinteresse und kirchliche Jugendarbeit miteinander verbanden und wo das dann ganz rasant weiterging, wo ich also dann ganz schnell in diesen Kreisen drin war.

Nun gab es da keine scharfe Trennung zwischen Umweltbewegung und Friedensbewegung. Die Umweltbewegung war in gewisser Weise ein Teil der Friedensbewegung, und man gehörte dann eben auch mit dazu; und so viele Leute waren das nicht: Jeder kannte jeden, und dann war man eben mit dabei.

Jennerjahn: Ihr Elternhaus und Ihr Engagement zusammen haben ja wahrscheinlich dann auch dazu geführt, daß Ihnen der Zugang zum Abitur verweigert worden ist. Wie hat sich das damals abgespielt? Ist Ihnen das irgendwie begründet worden?

Beleites: Ja, also, es waren verschiedene Dinge, weil ich ja auch mehrmals Anlauf genommen hatte. Ich wollte nach der zehnten Klasse eine Berufsausbildung mit Abitur in der Landwirtschaft machen; es gab in der DDR so diese Möglichkeit: Berufsausbildung mit Abitur. Und das ist dann abgelehnt worden mit dem Verweis auf die zu schlechten Zensuren. Die waren sicher nicht die allerbesten, aber es gab Leute, die sich zu mehrjährigen Armeezeiten verpflichtet hatten, die noch schlechtere Zensuren hatten, die aber genommen wurden. Und so war es eben hier schon naheliegend, daß da irgendwie 'ne Diskriminierung im Spiel war, die wohl zumindest mit dem Elternhaus zu tun hatte, wenn auch sicher nicht unbedingt mit meinem damaligen Verhalten.

Dann habe ich die Berufsausbildung gemacht als Präparator und habe nach dieser Berufsausbildung ein Fachschulstudium machen wollen, um Museologie..., um auf diese Art und Weise an die Hochschulreife zu kommen – und dafür war es aber notwendig, eine Delegierung zu erhalten. Da habe ich das mehrmals versucht und habe nie diese Delegierung erhalten; das ist mir dann begründet worden mit so Sätzen wie »wegen Ihres gesellschaftlichen Engagements...« und sowas, was ja eigentlich sonst immer, wenn das in deren Sinne war, ein

Grund für irgendeine Beförderung war. Und ich merkte, daß sich da was zusammenbraute und daß da plötzlich 'ne ganz eisige Atmosphäre war, wo mir schon klar war, da steht irgendwas dahinter, was jetzt nicht unmittelbar von dem Museum ausgeht oder so.

Jennerjahn: Haben Sie denn später, nach dem Ende der DDR oder während der Wendezeit, mit Leuten über dieses Problem gesprochen, mit Leuten, die daran beteiligt waren, Ihnen bestimmte Bildungsmöglichkeiten zu blokkieren; und wie haben die reagiert?

Beleites: Ja, ich hab' mit denen geredet, beziehungsweise zu reden versucht und hab' die Erfahrung gemacht, daß diejenigen, die von ihren Posten enthoben waren, nämlich die hauptamtlichen Stasi-Offiziere, relativ offen darüber geredet haben, das auch zugegeben haben, was da passiert ist, und zum Teil sich sogar entschuldigt haben bei mir; aber daß all diejenigen, die als Stasi-Helfer in den Institutionen saßen und das ausgeführt haben, was an Aufträgen von der Stasi kam, und die heute noch dort sitzen, daß die das abstreiten und verleugnen und mit denen da überhaupt nicht zu reden ist.

Jennerjahn: Die für Sie wahrscheinlich wichtigste Auseinandersetzung und von der Sache her auch interessanteste war sicherlich die um Ihre Studie über den Uranbergbau in der DDR und über die Folgen dieses Erzabbaus in der Nähe von Gera. Diese Studie erschien unter dem Titel »Pechblende« und wurde von einer kirchlichen Institution herausgegeben.
Wie war das damals mit den direkten, mit den offenen Reaktionen auf Ihre Arbeit?

Beleites: Ja, die waren sehr heftig. Also, ich wurde zunächst unter einem Vorwand zur Abteilung »Arbeit und Löhne« beim Rat des Bezirkes bestellt. Man erkundigte sich, wie denn nun mein Arbeitsverhältnis sei und ob das alles geregelt wäre und ob ich denn eine Gewerbeerlaubnis hätte und so weiter.
Und es saß jemand dabei, der protokollierte und eigent-

lich nur so dümmliche Fragen nebenher stellte, zum Beispiel: »Wieviel kostet ein ausgestopfter Fasan« oder so was, und dieser stellte sich dann später als Abteilungsleiter der Abteilung »Wismut-Angelegenheiten« beim Rat des Bezirkes heraus, der wahrscheinlich da nur so vorsondieren sollte, wie nun mit mir umzugehen ist.

Diese Wismut, also diese sowjetisch-deutsche Uranbergbau-Aktiengesellschaft, war ja nun nicht nur so 'ne Bergbaufirma, sondern es war auch ein Staat im Staat der DDR: Es gab parallel zu den bezirklichen Strukturen eben 'ne Wismut-SED-Leitung, 'ne Wismut-Stasi und Wismut-Gesundheitswesen, und diese ganze Ausnahmesituation resultierte daraus, daß ja nach dem Krieg dieser Uranbergbau als Teil des sowjetischen Atombombenprojekts unter Stalin lief und eben entsprechend mit Gewalt und Repressionen, eben als Ausnahmezustand durchgesetzt wurde. Und dieser Sonderstatus hat sich zwar abgeschwächt, aber letzten Endes bis zuletzt erhalten.

Und deswegen war das natürlich in deren Augen was besonders Schlimmes, wenn nun plötzlich dieses jahrzehntelange Tabu gebrochen wurde und auch noch von jemandem, den die Stasi seit Jahren im Auge hatte, ohne daß sie das vorher wußten, was da kommt. Und das hat die sehr wild gemacht.

Jennerjahn: Und wie haben so die Bewohner in den besonders betroffenen Gemeinden reagiert? Haben Sie dort Zuspruch bekommen, oder war dort die Studie viel zuwenig bekannt, als daß jemand darauf hätte reagieren können?

Beleites: Ja, die ist sehr schnell bekannt geworden, viel schneller, als heute irgendwie ein Buch über dieses Thema bekannt wird, weil natürlich das Interesse immer dann größer ist, wenn man weiß, es handelt sich um was Verbotenes, um irgendein Tabu. Und es haben wirklich ganz viele Leute, sowohl unter den Bergarbeitern als auch unter den Bewohnern der Gegend, die ganze sechzigseitige Studie mit der Hand abgeschrieben oder mit Maschine, mit fünf Durchschlagpapieren und auf diese Weise noch vervielfältigt – weil natürlich nicht so viele Exemplare gedruckt werden konnten, um das nun überallhin zu verteilen.

Und die ist dann auch von Hand zu Hand weitergegeben worden, so daß schließlich die Bindungen kaputt gingen und nur noch lose Blätter da waren. Es kamen dann auch sehr viele Briefe von Leuten, die das unterstützten und bestätigten und sich auch dafür bedankt haben.

Und dann kamen aber auch Briefe von Leuten, die sich empörten und die das ganz schlimm und verleumderisch fanden, wo uns aber schnell klar war, daß das stasi-inszenierte Briefe waren – zum Teil waren sie sogar mit derselben Schreibmaschine geschrieben.

Das hat sich dann eben alles bestätigt, als ich die Akte gelesen hab', daß die Stasi da Leute beauftragt hatte, Empörungsbriefe zu schreiben – und nicht irgendwelche Leute, sondern Wismut-Ärzte und -Direktoren, ärztliche Direktoren von Bezirkskrankenhäusern und so weiter.

Jennerjahn: Sie haben in der DDR zu den Unangepaßten gehört, haben Nachteile daraus erlitten, konnten nicht studieren. Nun scheint es aber so, daß manche dieser Schwierigkeiten, auch wenn alles andere nicht vergleichbar ist, über die Vereinigung hinaus fortwirken, speziell, was Ihre Studienwünsche betrifft.

Beleites: Ja, ich würde das jetzt erst mal gar nicht so von Anfang an an meinem Fall festmachen, sondern allgemeiner sagen, daß ich es als sehr fatal empfinde, wenn sich jetzt die bundesdeutsche Bürokratie noch zum Vollstrecker der Stasi-Absichten macht. Das ist was, was ich als sehr schmerzlich empfinde. Und ich denke, es ist so, daß bisher bei Fragen der Rehabilitierung oder Entschädigung immer nur über Haftentschädigung und Haftzeiten nachgedacht wurde – was natürlich ganz wichtig ist und vielleicht auch zuallererst geregelt werden mußte, das ist klar. Nur, ich finde es schlimm, daß man bis heute noch nicht zur Kenntnis genommen hat, daß die Staatssicherheit ein Geheimdienst war, das heißt, daß die eigentliche Verfolgung von Oppositionellen unsichtbar war, das bedeutet: Es sind auch Leute behindert worden und kaputtgemacht, kaputtgespielt worden, ohne daß das so deutlich nach außen hin sichtbar war durch eine Inhaftierung und so weiter.

Und es gab natürlich 'ne zeitliche Verschiebung: Anfangs sind mehr Leute inhaftiert worden, und zum Ende hin sind mehr Leute in so operativen Vorgängen – wie das bei der Stasi hieß – bearbeitet worden, so, daß auf eine ganz perfide Art und Weise Leute geschädigt worden sind. Und man muß jetzt wirklich darangehen und versuchen, über Entschädigungen für diesen Personenkreis, der auf diese Art und Weise mit solchen unsichtbaren Zersetzungsmaßnahmen verfolgt worden ist, irgendwie nachzudenken. Und das ist bisher eben überhaupt nicht passiert.

Jennerjahn: Wo liegt denn, was die Frage von Studienplätzen und Studienmöglichkeiten angeht, das konkrete Problem bei Ihnen und bei anderen, in ähnlicher Weise Betroffenen?

Beleites: Das Problem ist das, daß ich ja zum Beispiel zur DDR-Zeit keine Hochschulreife erlangen konnte, durfte und deswegen jetzt nicht mit dem Studium beginnen darf, theoretisch, sondern erst mal einen Abiturkurs an der Volkshochschule machen müßte, der dann dreieinhalb Jahre dauert.

Und da sage ich, das ist eine Sache, wo ich praktisch noch mal dreieinhalb oder vier Jahre Zeitverzögerung habe und wo ja praktisch diese Stasi-Interessen vollstreckt werden, wenn ich das jetzt durchlaufen muß. Ich denke, man kann jetzt nicht sagen, deswegen wird auf Bildung verzichtet oder so, das ist klar.

Aber ich denke, man muß über Formen nachdenken, das irgendwie zu verkürzen, zumal – wie in meinem Fall – wo also jemand sich im Selbststudium in bestimmte Dinge so weit hineingearbeitet hat, daß er da eben auch fachlich – zumindest in dem Thema – mit Hochschulabsolventen mithalten könnte.

In meinem Fall war es so, daß ich dann von diesem

Paragraphen 11 im Berliner Hochschulgesetz gehört habe, der einen Studienzugang ohne Abitur für Leute vorsieht, die eine Berufsausbildung und mehrere Jahre im Beruf gearbeitet haben. Ich wollte Biologie studieren, und dafür ging's dann aber wieder nicht, weil Biologie ein Numerus-Clausus-Fach ist, beziehungsweise, es geht bei Numerus-Clausus-Fächern, aber nicht bei solchen, die an dieses Dortmunder ZVS-System angebunden sind; und das ist Biologie, und deswegen geht das nicht, zumindest nicht an der Freien Universität oder an der Technischen Universität. An der Humboldt-Universität wäre es gegangen, weil die Humboldt-Universität als Ganzes noch nicht an das Dortmunder System angeschlossen ist – nur, da wollte man das nicht und hat sich dann hinter Dummheit versteckt und gesagt, man wäre nicht in der Lage, so eine Satzung auszuarbeiten, die nach diesem Hochschulgesetz notwendig dafür ist, so daß ich jetzt erst mal mit dem Landwirtschaftsstudium begonnen habe in der Hoffnung, dann nach dem Grundstudium zu Biologie überwechseln zu können. Es ist aber noch nicht klar, weil es nach der gegenwärtigen Satzung nicht geht.

Jennerjahn: Wie empfinden Sie es denn, wenn Sie sehen, daß auch junge Menschen, die im Strom mitgeschwommen sind, die sich angepaßt haben, jetzt beruflich geringere Probleme, zumindest zum Teil geringere Probleme haben als jene, die widersprochen haben, die auch ein Stück Widerstand geleistet haben.

Beleites: Ja, das ist für mich persönlich sehr bitter, das zu erfahren. Aber auf der anderen Seite sage ich auch: Wir haben Demokratie gewollt, und Demokratie heißt, daß sich Politik an Mehrheiten orientiert; und die Mehrheiten waren Opportunisten, und nun wird erst mal für die alles mögliche gemacht und an die Minderheiten erst mal nicht gedacht.

Ich finde das sehr fatal, aber deswegen denke ich, man sollte nun endlich anfangen, über Rehabilitierungsregelungen nachzudenken; nur – es ist natürlich keine Lobby da. Die Leute, die das betrifft, die unmittelbar nach ihrer Schulzeit schon mit so 'nem operativen Vorgang bedacht waren, so daß ein Studium oder Abitur nicht möglich wurde – das betrifft für die gesamten achtziger Jahre vermutlich höchstens 100 Leute – also das ist keine Lobby, von der sich nun Politik bewegen läßt, leider. Und die meisten bekannten Oppositionellen haben ja diesen Ausstieg erst nach ihrem Hochschulabschluß gemacht oder während des Hochschulstudiums. Es gibt ja ganz wenige, die schon von vornherein so quer lagen, daß es erst gar nicht so weit gekommen ist.

7. Dezember 1992

»Join or leave the power«

Der Mediziner Horst Klinkmann
im Gespräch mit Walter Kirchner

*Prof. Dr. Horst Klinkmann, geboren 1935 in Teterow /
Mecklenburg, international bekanntester Mediziner der
DDR, Internist und Nephrologe (Facharzt für Nierenkrankheiten). Studium der Medizin in Rostock, Fach-
arztausbildung in Rostock, Budapest und Lund / Schwe-
den. 1969 Habilitation. 1969 – 71 USA-Aufenthalt in
Salt Lake City / Utah, dort erste Professur und Direktorat
eines medizinischen Institutes. SED-Mitglied seit 1974.
Präsident- und Ehrenmitglied zahlreicher wissenschaftlicher und medizinischer Gesellschaften. 1988 Fellow des
Royal College of Physicians in England. Zur Zeit des
Gesprächs Direktor der Universitätsklinik für Medizin
in Rostock und als solcher aus politischen Gründen
entlassen. Seit Februar '93 Dekan an der internationalen Fakultät für künstliche Organe an der Universität
Bologna.*

Kirchner: Horst Klinkmann, 57 Jahre, geboren in
Teterow in Mecklenburg, Sohn eines Tagelöhners, Voll-
waise mit 10 Jahren, Beruf Arzt, Professor für Innere
Medizin an der Universität Rostock, Mitglied zahlreicher wissenschaftlicher Gesellschaften, Akademien, unter anderem der New York Academy of Science, Präsident der Internationalen Gesellschaft für künstliche
Organe, vierfacher Ehrendoktor, SED-Mitglied, Natio-
nalpreisträger Erster Klasse.

Seit der Wende Präsident der Akademie der Wissenschaften der DDR und deren Gelehrtensozietät, zur Zeit
bedroht von der Entlassung als Direktor der Rostocker
Universitätsklinik für Innere Medizin. Mehrere Rufe an
ausländische Universitäten, unter anderem nach Bolo-

gna und Glasgow. – Nicht zu vergessen: Ehrenbürger von Teterow.

Ja, Herr Klinkmann, das sind Stationen eines Lebenslaufs von beträchtlicher Spannweite. Sie haben in der Vergangenheit häufig gesagt, Sie dankten den Weg, den Sie gehen konnten, dem Staat, in dem Sie groß wurden und bis zu seinem Untergang gelebt haben, der DDR. Stehen Sie dazu, oder haben Sie heute eine andere Sicht der Dinge?

Klinkmann: Wirklich eine andere Sicht der Dinge zu haben ist ja sehr opportun. Meine Sicht der Dinge zu meinem vergangenen Leben, meine Sicht der Dinge zu dem, was ich machen konnte, durfte, wollte, hat sich sicherlich in vielerlei Hinsicht verändert, sie hat sich aber nicht verändert in der Dankbarkeit für die, die es mir ermöglicht haben, das zu werden, was ich geworden bin, das heißt, mir den Wunsch meines Lebens zu erfüllen, Arzt zu werden. Und insofern gibt es an diesen Äußerungen von mir sicherlich auch heute keine Abstriche zu machen.

Kirchner: Sie knüpfen Ihren Dank also mehr an Personen als an ein politisches System?

Klinkmann: Ich knüpfe meinen Dank vordergründig an Personen, selbstverständlich, Personen, die in diesem System gearbeitet, gelebt, gewirkt haben – sowohl Personen, die mit dem System verbunden waren, als auch Personen, die dem System eher ablehnend gegenüberstanden –, aber Personen, die wie ich 40 Jahre in einem Lande gelebt haben und damit eine Biographie haben, die 40 Jahre untrennbar mit diesem Lande verbunden ist.

Kirchner: Herr Klinkmann, kehren wir zu Ihrem Geburtsort zurück, nach Teterow in Mecklenburg. Kind einer Tagelöhnerfamilie – was bedeutete das damals?

Klinkmann: Ja, Tagelöhnerfamilie insofern – meine Großeltern waren als Tagelöhner nach Teterow gekom-

118

men. Teterow ist für mich die schönste deutsche Stadt, Sie werden das verstehen, die Stadt, die ja als Schilda Deutschlands bekannt ist. Und wenn man dann die Freude hat, Ehrenschildbürger zu sein, sind vielleicht auch manche Handlungen, die man im Leben begeht, aus dieser Sicht etwas zu sehen. Tagelöhner, das bedeutete damals härteste Arbeit der Familie. Ich bin alleine aufgewachsen, ich habe keine Eltern gehabt, mein Vater ist sehr früh im Krieg gefallen, meine Mutter gestorben, als ich sehr jung war. Tagelöhner sein, das bedeutete auch Zusammenhalt einer Familie, Zusammenhalt auch durch dick und dünn, auch wenn ich dann letztlich in schulischer Umgebung allein aufgewachsen bin.

Ich verdanke zum Beispiel meinem Englischlehrer viel, der hat so eine Biographie... Er hatte Theologie studiert und dann aber in der DDR Staatsbürgerkunde unterrichtet. Ich weiß es noch so wie heute: Bei Stalins Tod konnte er seine Freude nicht verbergen und mußte dann weggehen. Lange Zeit hat er sich für mich als Vormund verwandt, dem verdanke ich viel.

Ich verdanke auch meinen späteren Lehrern viel, die sicherlich auch Hoffnungen an das System geknüpft haben, wie ich es auch getan habe über viele, viele Jahre hinweg. Und Sie sehen, daß diese Bezugsgrößen immer in meiner Heimat Mecklenburg angesiedelt waren.

Kirchner: Sie sprechen von der Schule und den Lehrern, aber wo haben Sie damals gelebt?

Klinkmann: Ich bin in Teterow, wie gesagt, geboren, dann auch dort aufgewachsen, bin dort vorübergehend in einem Internat gewesen, dann aber relativ jung in ein kirchliches Internat nach Rostock gekommen, weil ich dort einen sogenannten C-Zweig, das heißt eine altsprachliche Bildung, angestrebt habe. Durch die familiären Verhältnisse und die nicht vorhandene soziale Sicherheit mußte ich dann zurück nach Teterow – Rostock war nicht mehr möglich. Dann kam die Episode mit diesem Lehrer. Dann wollte ich sehr gerne die Schule verlassen, wie man das ja so macht, wenn man niemanden hat und allein ist, und so in der 10. Klasse hätte ich dann gerne irgendeinen Beruf gelernt. Mein Traumberuf in dieser Zeit war, irgendwie im Wald zu arbeiten. Aber jener schon von mir erwähnte Lehrer hat mich dann quasi damals bewegt, ich will nicht sagen gezwungen, weiterzumachen, indem er mir auch ein besonderes Stipendium verschafft hat, was ihm damals möglich war, weil ich innerhalb der Schule nicht zu den Abstiegsbedrohten gehörte. Und darüber hat er dann letztlich erreicht, daß ich Abitur gemacht habe. Ich bin dann nach dem Abitur geradewegs zur Universität nach Rostock gegangen und habe dort mein Medizinstudium begonnen.

Kirchner: Sie greifen meinen Fragen etwas voraus. Ich wollte noch mal auf das Internat kommen. Ist es nicht schwierig, in einer solchen Umgebung seine Individualität zu entwickeln und dann auch zu bewahren?

Klinkmann: Herr Kirchner, wenn Sie zehn Jahre waren 1945, als alles zusammenbrach, und wenn Sie dann, wie viele von uns, durch diese Zeit des Hungerns gegangen sind; wenn Sie durch die Zeit gegangen sind und als Zehnjähriger sehen mußten, wie nahe Menschen in ihrer Umgebung erschossen wurden auf der Straße; wenn Sie dann Erlebnisse haben, daß Sie sich um des Überlebens willen zusammengerottet haben mit Gleichaltrigen und Pferde gestohlen haben von der Weide der Russen und die dann an die Bauern für ein Abendbrotessen verkauft haben, dann ist man auch als Zehnjähriger vielleicht schon durch eine Lebensschule gegangen. Aber ich muß sagen, aus dieser Zeit stammt eigentlich von meiner Warte aus das Vertrauen in die Menschen, das Zutrauen, und, wenn Sie so wollen, auch das eigene Wollen, doch irgendwie zur Verfügung zu stehen, um da zu helfen, wo es nötig ist, was ja die Grundlage für den Arztberuf ist.

Kirchner: Wir machen einen Sprung: Medizinstudium, Abschluß des Medizinstudiums, Habilitation. Sie waren mit 35 Jahren Forschungsprofessor in den USA, in Salt Lake City, und haben sich dort auf Nierenkrankheiten und ihre Behandlung mit der künstlichen Niere spezialisiert. Wie kam es zu diesem Auslandsaufenthalt von, ich glaube, fast zwei Jahren?

Klinkmann: Ich knüpfe einfach an das an, was ich schon gesagt habe. Ich glaube, jeder braucht in seinem Leben auch etwas Glück, jeder braucht aber vielleicht auch die Möglichkeit, dann, wenn das Glück um die Ecke guckt, es auch einzuladen, mitzugehen. Und ich habe das Glück in meinem Leben gehabt, immer Lehrern begegnet zu sein, die für mich durch mein ganzes Leben hindurch Vorbild waren und Vorbild bleiben werden. Ein solcher Lehrer war Harald Dutz, der damals aus der Charité nach Rostock gekommen war. Harald Dutz, der immer versucht hat, aus den Gegebenheiten das Beste zu machen – die spezifischen Gegebenheiten der DDR sind ja heute doch nun schon vielen Leuten bekannt oder speziell ja auch Gegenstand von Diskussionen –, der hat mich dann als jungen Mann, als sehr jungen Mann – ich hatte damals einige Patente und auch einige Spezialuntersuchungen gemacht auf dem Gebiet der künstlichen Niere, das war etwas ganz Neues, wir hatten so eine eigene Membran entwickelt, und ich hatte als junger Mann versucht, Kleinstkinder mit der künstlichen Niere zu behandeln, das war etwas wohl auch international Neues –, und Harald Dutz hat mich damals zum ersten Weltkongreß der Nierenheilkunde nach Washington mitgenommen. Und dort habe ich, wie Sie sich vorstellen können, mit furchtbar flatterndem Herzen und einem sicherlich sehr mecklenburgisch gefärbten, plattdeutschen Englisch meinen ersten Vortrag gehalten, und ich hatte das Glück, daß in dem Vortragssaal jener Mann saß, der letztlich dann nachher mein Leben weiterbestimmte – das ist der Vater der künstlichen Organe, der Erfinder der künstlichen Niere, der Holländer Wilhelm Kolf, heute noch am Leben, 82 Jahre, der in seiner sehr geraden Art hinterher zu mir kam und sagte: »Doctor Klinkmann, I would like to work with you, would you like to join me?« Ich war erschlagen, mehr kann ich dazu nicht sagen. Ich habe gesagt: »Of course«. Das war eigentlich alles, und ich dachte, daß in dieser Sache nichts weiter geschehen wird. Bin dann nach Hause, und dann passierte doch etwas, was eben unter den Bedingungen der DDR auch möglich war. Damals waren wir noch Staatenlose für die Amerikaner, die hatten uns noch nicht anerkannt. Kolf hat dann im Hochschulministerium jemanden gefunden, der den Mut hatte, nichts dagegen zu unternehmen, daß ich als Staatenloser zu ihm kam. Er hat mir ein sogenanntes H1-Visum besorgt mit dem Vermerk »highly desirable«, und dann, ich will nun die Einzelheiten nicht weiter schildern, bin ich als sehr junger Mann – verheiratet, mit dem großen Verständnis meiner Frau, die zu Hause geblieben war, bleiben mußte, auch darüber brauchen wir uns nicht zu unterhalten, und einem Kleinstkind – nach Amerika gegangen und habe dort in dieser Zeit ja beruflich eigentlich einen nicht vorausschaubaren schnellen Aufstieg gehabt. Ich wurde sehr rasch Professor, Direktor eines Institutes dort, und die Amerikaner hätten mich sehr gerne behalten. Aber dann kam Anfang der siebziger Jahre aus der Heimat der Ruf, ob ich nicht zurückkommen wollte. Die Frau und das Kind waren zu Hause, sie durften mich zwischendurch nicht besuchen – und dann bin ich zurückgegangen.

Kirchner: Herr Klinkmann, Sie wurden dann Professor in Rostock, und Sie sind ja auch später häufig im Ausland gewesen. Man wirft heute den sogenannten Reisekadern vor, daß sie mit dem Regime paktierten, während andere, die das nicht taten, keine Gelegenheit hatten, sich wissenschaftliches Ansehen zu erwerben, und heute wiederum Nachteile in Kauf nehmen müssen. Wie stehen Sie zu solchen Vorwürfen?

Klinkmann: Ich muß die Vorwürfe, so wie sie im Raum stehen, erst einmal akzeptieren. Man ist ja heute leider gezwungen, in Verteidigungshaltung zu gehen, aber ich darf Ihnen sagen: Etwas, was ich durchaus außerordentlich bedaure – es ist lächerlich, das sagen zu müssen, denn es ist nachlesbar und nachprüfbar –, aber ich habe es immer als den entscheidenden Nachteil und letztlich auch als die Ursache der Niederlage in dieser sogenannten Auseinandersetzung der Systeme gesehen, daß der Teil der Welt, der sich sozialistisch nannte, sich niemals in einem offenen, fairen, ehrlichen Wettbewerb gestellt hat.

Man hat mir jetzt zum Beispiel eine Rede zum Vorwurf gemacht, die ich 1989 gehalten habe. Da ging es um die Entwicklung der Persönlichkeit. Diese Rede fing an mit den Sätzen, daß es meine feste Überzeugung ist, daß es auf der Welt nur einen einzigen Weltfundus des Wissens gibt und keinen sozialistischen und kapitalistischen, wie man uns immer gerne glauben machen möchte. Ich will vielleicht diesen Komplex damit abschließen, daß ich Ihnen sage, daß ich in meinem eigenen Umfeld versucht habe, Schadensbegrenzung zu machen, nicht weil ich nun davon überzeugt war, daß das westliche System das bessere war, sondern weil ich einfach nur davon überzeugt war, daß zugunsten der Menschheit der Vergleich beider Systeme eigentlich nur das einzig weiterführende war. 85 Prozent meiner wissenschaftlichen Mitarbeiter aus meiner Klinik haben, vielleicht unter Nutzung meiner sogenannten Privilegien und meiner bevorzugten Position, den Status eines Reisekaders gehabt. Das war sicherlich eine der Ursachen, daß die Rostocker Klinik in der internationalen Auseinandersetzung eine der wenigen DDR-Kliniken war, die sich zwar nicht behaupten konnte, aber zumindest bekannt war.

Kirchner: Haben Sie denn für diesen Status des Reisekaders Gegenleistungen, politische Gegenleistungen geben müssen?

Klinkmann: Sicherlich ist das eine Definitionsfrage, Gegenleistungen zu bringen. Nachdem ich ordentlicher Professor war, Klinikdirektor war und nachdem Professor Kolf zu mir nach Rostock gekommen ist, mir dort ein Jahr geholfen hat, diese Klinik nach modernsten Gesichtspunkten aufzubauen... – das war schon eine kleine Sensation damals, daß ein weltberühmter amerikanischer Wissenschaftler sein sogenanntes Sabbatical in einer DDR-Universität machte, also sein Freisemester. Er hat mir damals gesagt: »Join the power or leave the power.« Also das heißt: Wenn du etwas verändern willst, dann mußt du sehen, wie du Macht selber mit an dich ziehst, oder verlasse sie. Und das hat dann einige Schlüsselerlebnisse gegeben, die nichts für die Öffentlichkeit in dem Sinne sind, die mich dann, nachdem ich 1971 ordentlicher Professor wurde, 1974 als Mitglied in die SED gebracht haben; ich will absolut nicht abstreiten, auch mit der Hoffnung oder dem Prinzip Hoffnung und mit der Grundanerkennung einer Hoffnung auf ein besseres System – wobei die durchlaufenen Hoffnungen aus der Zeit des Urchristentums bis heute sich ja gar nicht so schrecklich unterscheiden.

Und in diesem Zusammenhang habe ich durchaus die Bereitschaft – das ist Quatsch –, aber ich bin durchaus heute in der Lage, selber zu sehen, daß ich als ein gewisses Aushängeschild gedient habe. Herr Gaus hat mich mal interviewt zum Tag der deutschen Einheit und hat das verglichen mit irgendwelchen Goldmedaillengewinnern im Sport. Ich will diesen Vergleich jetzt ganz einfach, weil mir im Moment ein eigener Vergleich fehlt, mal in den Raum stellen. Ich bin dann in der Öffentlichkeit auch durch die politischen Machtorgane herumgezeigt worden, bis hin zu dem, was man mir heute als Basisvorwurf und Grundlage meiner jetzt empfohlenen Kündigung in Rostock in den Raum stellt, daß ich 1976 eine Rede auf einem der Parteitage gehalten habe. Ich muß allerdings sagen, daß ich auch heute noch, wenn man mich danach fragt, für mich in Anspruch nehme... – wenn ich diese Rede aus dem Abstand betrachte, bin ich auch heute noch froh, daß ich sie halten konnte. Es hört sich ein bißchen eigenartig an, aber ich würde gerne demjenigen gegenübertreten, der mir nachweist, daß ich mit dieser Rede jemandem geschadet habe. Ich kann im nachhinein sagen, daß nach dieser Rede, deren Umfeld jetzt ja mehrfach in den Publikationsorganen beschrieben wurde, es möglich war, in den osteuropäischen Ländern eine eigene Blutdialysetherapie aufzubauen. Und wenn Sie dann 30 000 Menschen dadurch vielleicht das Leben haben retten können, dann ist die Berechtigung einer solchen Rede sicherlich aus der Sicht von Ursache und Wirkung einzusehen.

Kirchner: Herr Klinkmann, haben Sie darüber hinaus auf das Gesundheitswesen der DDR Einfluß gehabt, konnten Sie Einfluß nehmen, und was war Ihr Ziel, soweit Sie darauf Einfluß nehmen konnten?

Klinkmann: Ich habe im Gesundheitswesen der DDR nicht so sehr in der praktischen Umsetzung mitgewirkt, aber ich war ja mehrere Jahre Präsident des Rates für medizinische Wissenschaft der DDR, das heißt, ich war letztlich der Verantwortliche für die medizinische Forschung in der DDR, und ich war in der Frage der Forschung auch stellvertretender Vorsitzender des Forschungsrates der DDR; unter der Regierung de Maizière wurde ich dann noch zum Vizepräsidenten dieses Forschungsrates gemacht.

Auch rückblickend, ohne das entschuldigend zu sagen, muß ich glauben, daß in der Ökonomie der medizinischen Forschung – vor allen Dingen, was die klinische Forschung anging – es heute vielleicht offensichtlich wird, daß vieles dort gelaufen ist, von dem wir heute sagen können, dürfen und müssen, daß es durchaus vergleichbaren internationalen Standard hatte. Ich war immer stolz darauf, daß dieser Rat für medizinische Wissenschaft ein ausschließliches Gremium von Fachkräften war – die übrigens geheim gewählt wurden, das war auch ein bißchen anders als sonst bei uns – und daß die Politik doch sicher die Rahmenbedingungen gegeben hat, wie das in einem solchen System gar nicht anders möglich war, aber in Einzelentscheidungen in der medizinischen Forschung draußengeblieben ist.

Kirchner: Sie waren im Ausland wie in der damaligen Bundesrepublik sicherlich der bekannteste Mediziner der DDR und haben sicherlich häufig Gelegenheit gehabt, die DDR zu verlassen – warum sind Sie dort geblieben?

Klinkmann: Herr Kirchner, auch das ist etwas, was mich gerade in den Verhandlungen der Rostocker Ehrenkommission sehr getroffen hat, weil man mir das belastend vorgehalten hat. Vielleicht glaubt man mir, wenn ich Ihnen sage: Erstens war ich Arzt, und ich habe als Arzt eine ethische Verpflichtung, die mich dort bleiben läßt, wo meine Patienten sind. Ich hatte mir eine Aufgabe gestellt, ich habe das gerade schon gesagt, mit der Dialyse. Ich bin in meiner Heimat geblieben – ich bin pathologischer Mecklenburger, wenn ich das mal so sagen darf –, ich bin in meiner Heimat geblieben, und ich habe auch sicherlich an eine Reformierbarkeit, an eine Verbesserung oder wie die Schlagworte alle heute heißen geglaubt. Ich habe das Prinzip Hoffnung nicht aufgegeben und eigentlich nicht akzeptiert, daß Gesellschaftsordnungen am Ende ihres Weges angekommen sind. Und auch das war sicherlich ein wesentlicher Faktor mit für mich, der es mir, das will ich ehrlich bekennen, eigentlich... Natürlich hat man hin und wieder mal nachgedacht, aber ernsthaftes Nachdenken, die DDR zu verlassen – das wäre heutzutage eine Behauptung, für die ich mich schämen müßte.

Kirchner: Sie könnten auch heute jederzeit Rostock verlassen, Deutschland verlassen. Es schwebt die Gefahr einer Entlassung über Ihnen, Ihre Funktion als Präsident der Akademie der Wissenschaften geht auch zu Ende, Sie haben Berufungen in das Ausland, warum bleiben Sie?

Klinkmann: Warum bleibe ich? Eine große deutsche Tageszeitung hat geschrieben: »Der Mecklenburger Dickschädel«. Es ist zunehmend schwierig, meinen ausländischen Freunden und jenen Einrichtungen, die mir ehrenvolle Angebote unterbreiten, zu erklären, warum ich nicht komme, warum ich noch bleibe. Es ist zunehmend schwierig auch unter dem Aspekt, wenn ich denen erzähle, was zur Zeit um mich herum und mit mir zu Hause geschieht. Warum bleibe ich? Vielleicht bleibe ich auch deshalb, weshalb ich vorher nicht weggegangen bin. Außerdem muß ich Ihnen sagen, jetzt kommt auch die Frage der Ehre hinzu. Ich möchte am Ende eines beruflichen Lebens, in dem ich eigentlich weiter überhaupt keinen Wunsch habe, als noch Steigbügelhalter für junge Leute zu sein... – ich habe alles erreicht, ich bin Präsident der drei größten Medizingesellschaften dieser Welt gewesen in geheimer Wahl, ich habe in meinem Beruf das Glück der Erfüllung gefunden, es gibt an äußeren Ehren nichts mehr, was irgendwie noch anstehen könnte entsprechend den Möglichkeiten –, aber glauben Sie nicht, daß es schwer ist, wenn man aus dem Land der Väter, das nun endlich wieder ein einig Vaterland geworden ist, dann plötzlich gesagt kriegt, daß man da keine Heimat mehr haben darf? Ich wünschte mir sehr, daß man mir erlauben würde, in meinem Vaterland auch noch wieder eine Heimat zu finden und die nicht irgendwo anders suchen zu müssen.

6. Juli 1992

»Es ging ums Leben an sich«

Der Arzt Carl Ludwig von Klitzing
im Gespräch mit Jürgen Schiller

*Dr. Carl Ludwig Klitzing, Mediziner, geboren 1942 in
Pommern, aufgewachsen in Mecklenburg an der Müritz.
Studium der Medizin in Berlin. Früher Oberarzt an
der Klinik Frankfurt / Oder, heute frei praktizierender
Internist. Fraktionsvorsitzender des Neuen Forum in
der Stadtverordnetenversammlung von Frankfurt / Oder,
Engagement in der Aussöhnung zwischen Deutschen und
Polen.*

Schiller: Sie haben mich gebeten, zu Ihnen nach Frank-
furt/Oder zu kommen, ich hab' das auch sehr, sehr gern
getan, weil es auch für jemanden wie mich wieder eine
wichtige Erfahrung ist, einfach aus Berlin heraus-
zukommen und in eine der östlichsten Städte Deutschlands zu fahren, wo die Landschaft ja immer zerrissener
wird; und dieses Frankfurt/Oder ist ja eben durch Krieg,
aber auch durch die letzten Jahre unter DDR-Herrschaft
sehr, sehr gezeichnet, wahrscheinlich genau wie die
Menschen, die hier leben, die hier arbeiten, und wahrscheinlich genau wie Sie. Sie haben jetzt hier ein sehr,
sehr schönes Haus mit einem wunderschönen Garten,
alten Bäumen, großen Sträuchern, so daß man die Umgebung nicht sieht und die Chance hat, sich in sich
zurückzuziehen, über sich selbst nachzudenken. War
das für Sie in den letzten Jahren, auch in den letzten
Jahren der DDR, ein sehr schöner Fluchtpunkt, konnten Sie den nutzen?

Klitzing: Das mit den alten Bäumen stimmt nicht ganz:
Die Bäume sind jung, die meisten habe ich selbst ge-
pflanzt, hab' sie schön gegossen, damit sie möglichst

groß werden und bald – in Anführungsstrichen – alt werden. An der Autobahn stand früher dran »Frankfurt/ Oder – letzte Ausfahrt in der DDR«. Wir haben das immer belächelt – und es stimmte ja auch. Mein Slogan war früher: Jeder Schritt Richtung Osten ist ein falscher Schritt, und nun sitze ich doch auch nach wie vor an der beinahe östlichsten Stelle in Deutschland und habe das immer als großen Leidensdruck empfunden, irgendwann aber festgelegt, daß es so bleibt. Ich bin dann aktiv geworden im Bereich der Aussöhnung zwischen deutschen und polnischen Menschen und möchte, daß Frankfurt nicht der östlichste Punkt in meinem Horizont ist, sondern daß das europaweit gesehen wird und daß es grenzenlos ist und wir irgendwo – nun, sagen wir – nicht Mittelpunkt, aber doch ansprechbar sind.

Schiller: Wo kommt denn das im Kopf her, eine solche Einstellung: Jeder Schritt nach Osten ist ein falscher Schritt?

Klitzing: Ja, weiß ich nicht. Vielleicht fange ich mit meiner Geburt an: Ich bin 80 Kilometer östlich von Stettin geboren, 1945 war ich drei Jahre alt. Ich kann mich an nichts erinnern. Es war ein riesiger Treck bis über die Elbe in Mecklenburg, und dann hieß es: Man kann wieder zurück! Dann ging der Treck wieder rückwärts, bis wir dann in Mecklenburg an der Müritz Fuß faßten – meine Eltern mit acht Kindern. Es war eine Sehnsucht in uns Kindern erzeugt worden in Richtung Osten – aber auch ein Haß gegen die russische Besatzung damals. Da ist sicherlich in der Kindheit und durch meine Verwandten – wir sind eine sehr große Familie, von der über 90 Prozent im Westen leben –; das ist, glaub' ich, schon so zu sehen, daß das von Kindes Beinen an drin steckt.

Schiller: Nun blieben Sie ja eben in diesem Osten. Sie sind auf einmal in einem gespaltenen Deutschland, im östlichen Teil, groß geworden, in ein System hineingewachsen, mit dem Sie sich entweder auseinandersetzen oder es verinnerlichen oder es akzeptieren mußten; haben Sie diese Brüche sehr stark empfunden?

Klitzing: Ich erinnere mich an die tiefe Depression, die wir am 13. August '61 hatten. Ich war damals 19 Jahre alt, wir waren ungefähr 10, 20 junge Menschen im gleichen Alter, die jeden Tag Ende Juli, Anfang August zusammenkamen; und wir haben palavert und überlegt: Was machen wir? Wir haben hochgerechnet: Soundsoviel Tausend rüber, in soundsoviel Jahren, dann ist die DDR leer. Wir wußten, daß irgendwas gemacht werden muß, daß es so nicht weitergeht. Und dann saßen wir plötzlich am 13. August um 9 Uhr ohne Verabredung zusammen in Berlin und – tiefe Drepression! Das war ein so furchtbarer Schlag für mich, das ist unbeschreiblich. Man hatte auch nicht die Kraft, da irgendwie noch alles zusammenzuraffen und rüberzugehen oder so – man war einfach gelähmt.

Ich möchte vielleicht auch noch hinzufügen, daß in diese Lähmung und in diese Depression auch alle altersbedingten Schwächen und Anormalitäten reingesteckt wurden. Das heißt, wir gingen nicht ins Theater, wir gingen nicht ins Kino, weil das alles rot war. Wir haben uns praktisch in uns zurückgezogen, und das war schon richtungweisend. Damals war Ost eben rot und schlecht und West eben schön und frei; und ich war vorher in West-Berlin! Große Reisen hatte ich noch nicht gemacht, dazu fehlte das Geld; und nachher war eben alles, was mit O wie Osten anfing, schlecht – und wenn es die Sonne war. Es gab Zeiten, wo eben die Sonne nicht sonnig war und der Rasen nicht grün war, weil es eben zugesperrt war. Ich glaub', ich war da auch besonders empfindlich getroffen worden und spürte das dann auch. Kurze Zeit später ist mein ältester Bruder bei einem Ansturm an die Mauer gefaßt worden, hat dann anderthalb Jahre gesessen. Und wir fingen an zu studieren; am 17. August '61 wurde ich immatrikuliert in Berlin – ich hab' das also hautnah mitempfunden: Wir mußten versprechen, wenn Partei und Regierung rufen, daß wir dann auch die Heimat mit der Waffe in der Hand verteidigen – all' diese Dinge. Ich war in der Studienzeit eigentlich fachlich gut, und es hat mir Spaß gemacht; ich war auch in Staatsbürgerkunde gut, auch sehr gut – das waren alles Dinge, die einen doch auch innerlich sehr zerrissen haben.

Schiller: Ja, können wir über diese Zerrissenheit noch ein bißchen reflektieren. Sie sagen, in Staatsbürgerkunde gut bis sehr gut, das heißt also, den Mechanismus und die Verfahrensweise des Systems haben Sie verstanden; haben Sie durch das Verständnis oder durch das Begreifen, durch das Analysieren das System auch begriffen: wie unmenschlich es war, gerade, um wieder auf die Zerrissenheit zurückzukommen, wenn man dann am eigenen Leibe durch seinen Bruder erfährt, wozu ein solches System fähig sein kann?

Klitzing: Ich bin in einem Kreis groß geworden und habe da immer gelebt, wo ich Informationen hatte über die schlechten Seiten des Systems. Wir haben schon 1960 verbotene Bücher gelesen – von Pasternak zum Beispiel. Ich habe vor '61 für die Abiturarbeit über Faust in der Amerika-Gedenkbibliothek gearbeitet und hatte also Informationen über diese Brutalität. Und mein Vater, er ist 1892 geboren, hat also die zwei Kriege voll mitgemacht und kannte die Menschen noch von einer anderen Seite her –, der sagte also, die Kommunisten bleiben so lange an der Macht, bis kein Gras mehr am Wege ist, was du fressen kannst. Der hatte also 'ne ganz harte Meinung gegen diese..., dieses System. Ja, begriffen habe ich das, von der Theorie her auf jeden Fall; es war ja manches auch klar und manches auch einleuchtend. Und das ist auch wieder diese Zerrissenheit, die Sie da ansprechen.

Das ist wie in der Kirche: Ich würde sagen, wenn's einem sehr schlecht geht, dann kann man plötzlich beten, und dann glaubt man auch irgendwo, und dann hilft es auch. Und wenn man in Bedrängnis war, wenn es darum ging, den Studienplatz zu halten oder nicht, dann hat man eben diese Unterwürfigkeitsgesten gemacht; und man hat sich in dem Moment wohlgefühlt, weil man die Stufe wieder erreicht hatte, daß man nicht rausflog oder daß man doch ein Stück weiterkam – aber man hat sich hinterher um so mehr geschämt. Und solche Unterwürfigkeitsgesten hab' ich in meinem Leben eben öfter gemacht, und das hat mich auch sehr geprägt, hat meinen Haß auch irgendwo hervorgebracht oder langsam geschürt; ich glaub', dieses Schamgefühl hat mich überhaupt dazu gebracht, politisch nach der Wende oder während der Wende aktiv zu werden und irgendwas laut zu sagen und auch irgendwas zu riskieren.

Ich hab' damals, '89, was riskiert, riskieren wollen sogar. Ich wollte, daß entweder das System mit meiner Kraft oder daß ich geschüttelt werde.

Schiller: Nun gibt es ja im Westen sehr viele Leute, die es sich sehr einfach machen, weil sie diese Erfahrung, die Sie eben geschildert haben, nie gemacht haben, die sagen: »Also, das verstehe ich nicht. Wie kann man eigentlich mit dieser Zerrissenheit, mit dieser permanenten Scham und der inneren Schande überhaupt leben, warum schreit er die nicht raus, warum hat er dagegen nichts getan.« Gibt es Erklärungen dafür?

Klitzing: Ja, so ist der Mensch halt. Also, ich bin sehr entrüstet, und eigentlich schäm' ich mich wieder, daß diese DDR-Geschichte nun vom Westen aus aufgearbeitet wird; und was da alles kaputtgemacht wird. Ich möcht's mal so vergleichen: Jemand heiratet eine Frau, die nicht zu ihm paßt, und er trennt sich nicht, wird Alkoholiker und landet dann schließlich in der Gosse. Nun kommt ein Wanderer des Wegs und beklagt ihn, daß er nun in der Gosse liegt. So geht's doch nicht! Man muß doch das mal von vorne aufräumen und auch aufarbeiten, und dazu sind wir eigentlich nur hier intern in der Lage, und das geht nicht von außen.

Da wir aber eben doch nicht in der Lage dazu sind, wird es wieder nicht aufgearbeitet. Das schmerzt jetzt noch mal aufs neue, obwohl ich jetzt nicht in diese Fußstapfen der heulenden Opfer-Täter-Dinge reintreten will; aber mir geht's schlecht im Moment, muß ich sagen, mit diesen Dingen. – Ich kann im Freundeskreis darüber sprechen.

Wissen Sie, in der DDR stand man als Arzt auf der Sonnenseite: Man hatte ein gutes, geregeltes Einkommen, man war in der Umgebung akzeptiert und hatte so im Sozialprestige doch eine Position. Ich hatte es auch beim Hausbau einfacher – das wußte auch jeder. Ich hab' nicht Schmiergelder gezahlt, ich hab' auch nicht irgendwo, was Stasi oder sonst was anbetrifft, irgendwelche Dinge gemacht – ich bin einfach angehört worden, wenn ich Probleme hatte, während andere eben nicht angehört wurden. Das habe ich auch irgendwo benutzt und habe es jetzt moralisch aufzuarbeiten: Es fällt mir nicht sehr schwer, aber irgendwo muß ich das schon beachten und bedenken.

Und das kann mir keiner von außen nachempfinden, das muß ich schon selber machen. Es ist nur keiner da, der zuhört, und das finde ich so furchtbar. Und das ist eigentlich schade für Deutschland, denn wir könnten Signale geben im Aufarbeiten, und das könnte auch dazu führen, daß eben auch die Alkoholiker, die in der Gosse liegen, aufarbeiten und die Frauen dazu auch mit aufarbeiten, daß eben jeder noch mal nach hinten guckt! Aber die Bereitschaft dazu sehe ich im Moment nicht.

Schiller: Also, die Möglichkeit, Signale zu geben, sie auszusenden, erfolgt ja auch durch ein solches Gespräch, was wir mit dieser Reihe »Lebenswege« geschaffen haben, auf die Anregung von Wolfgang Thierse hin, der gesagt hat: »Jeder hat durch die Ereignisse der letzten Jahre eben irgendwo eine beschädigte Biographie.«

Wie sehen denn die wichtigsten Signale im Augenblick für Sie aus, damit andere Leute, die genauso beschädigt worden sind, egal, ob in Ost oder West, diese Signale vielleicht aufnehmen können?

Klitzing: Das ist eine ganz schwere Frage. Also, ich bin nicht der, das Profil, der diese Frage beantworten kann. Ich...

Schiller: Aber Sie haben eine ganz persönliche Meinung, es muß doch in Ihnen irgend etwas ganz Besonderes vorgehen, was Sie jetzt, wo Sie die Chance haben, rausschreien können, um zu sagen: »Kinder, ihr müßt das und das tun, nur so können wir miteinander umgehen, und nur so können wir uns Hilfestellung geben!«

Klitzing: Irgendwo fühle ich mich als, na, Revolutionär ist übertrieben; es war ja auch keine richtige Revolution, aber – »die Revolution frißt ihre Kinder« –, ich fühle mich gefressen. Ich bin zur Zeit nicht gerade sehr optimistisch. Wie wollen Sie von mir da verlangen, daß ich einen Weg weisen kann?

Ich könnte vielleicht sagen, was seit Menschengedenken nötig ist: zuhören können! Und die – jetzt mal wieder das schlechte Wort – »Wessis« haben eben nicht zugehört und hören auch nicht zu.

Und das zweite wäre dann: Wer will, daß man ihm zuhört, wer also was zu sagen hat, der muß ja auch ein Publikum haben! Wir haben kein Publikum, weil wir nicht die wirtschaftliche Macht haben, uns hört eben keiner zu.

Und ein dritter, wichtiger Punkt, und das ist für mich eigentlich ganz bedeutsam: daß diejenigen, die eben keine moralischen Bedenken, keine Skrupel haben und die über ihre Vergangenheit einfach hinwegstiefeln, daß die vornean sitzen und auch von den Wessis als gute Gesprächspartner eher angenommen werden als diejenigen, die noch was Hintergründigeres zu sagen haben.

Es ist schwer, die Menschen so in zwei Gruppen einzuteilen, irgendwo gelingt es heute nicht, aber ich halte es für erforderlich.

Schiller: Einer der großen Erfolge dieser friedlichen Revolution, die zu der Wende und zu der Einheit geführt hat, ist sicherlich die Tatsache, daß ein Teil der alten Sprachlosigkeit in der DDR verlorengegangen ist. Jetzt haben die Menschen die Möglichkeit, sich zu äußern, sich zu artikulieren, auch wenn, wie Sie bedauern, viele nicht in der Lage sind zuzuhören: Aber wenn Sie sich heute mit Freunden hier treffen und über die Situation, die Sie bedrückt, reden: Können Sie sich artikulieren, können Sie sich selbst darstellen?

Klitzing: Ja, sehr gut, würde ich sagen. Wir haben über die vielen Jahre hinweg sehr gut sprechen gelernt. Sie können es vielleicht daran erkennen, daß die DDR-Witze nicht schlecht waren; die waren spitz und hart und trafen genau. Ich erinnere nur an diesen einen Witz: »Wer sind die vier Hauptfeinde des Sozialismus? – Frühling, Sommer, Herbst und Winter.«

Das ist doch wirklich Klasse. Ich kann mich ausdrükken, ich kann das! Und wenn Sie die DDR-Literatur von früher nehmen, da waren tolle Dinge dabei. Und ich hab' immer prophezeit: Nach der Wende kommt noch mal eine ganz tolle Welle von Literatur, weil viele sich trauen, ihre Schubfächer aufzumachen und es zu veröffentlichen. Aber leider hat es keiner gedruckt. Und ich könnte wirklich schwören und wetten, daß in manchen Schubladen noch was steckt; in meiner Schublade steckt auch einiges. Nun, zur Veröffentlichung reicht es nicht, aber das hat mir sehr geholfen.

Also: Ich könnte das ausdrücken. Und ich kenn' viele Menschen, die das ausdrücken können. Wir haben hier viele, viele Abende und Nächte bei uns gesessen, geschimpft – wir nannten das »MM«: Mecker-meeting. Da wurde furchtbar geschimpft – und wir haben uns gegenseitig beschimpft. Aber, wir haben dabei auch immer wieder alles definiert; und das war gut, das hat uns wieder gelöst, und es ging dann wieder weiter; also daran liegt es, glaub' ich, nicht. Ich glaube wirklich, daß es keinen interessiert: Man geht zur Tagesordnung über, überrollt einfach die frisch bestellten Beete und macht alles platt. Und daran haben besonders auch die Interesse, die das gar nicht so wertvoll fanden damals, und das tut im Moment einfach weh. Und meine Reaktion ist, daß ich jetzt sehr viel arbeite, und das ist natürlich auch nur »workaholic«, das ist 'ne Betäubung – das ist nicht das, was ich brauche.

Irgendwann wird man das mit sich selbst ausmachen müssen, oder man vergißt's halt, und dann ist es schlecht; das ist nicht gut.

Schiller: Das war früher sicherlich so 'ne Art Selbsttherapie, wenn man sich getroffen hat, wenn man die »MMs« gemacht hat, diese »Mecker-meetings«; das war ein befreites Durchatmen, am nächsten Tag konnte man diesem System vielleicht wieder gelassener gegenübertreten. Aber, ging es denn mal in diesen »Mecker-meetings« so weit, daß man sich selbst fast überwunden und gesagt hätte: »Also, wir können nicht bloß hier in diesen vier Wänden schreien, wir müssen diesen Schrei auch nach draußen tragen«?

Klitzing: Furchtbare Szenen haben sich da abgespielt. Ich kann mich erinnern, vor ungefähr sechs, sieben Jahren haben wir hier innerhalb der Verwandtschaft Fasching gefeiert. Wir haben uns halb verkleidet, haben 'ne schöne Bowle aufgesetzt und Musik und sonst was – und dann haben wir uns angeschrien: daß wir es zulassen, daß unsere Kinder in diesem Staat hier bleiben, daß wir zu feige sind, einen Ausreiseantrag zu stellen und so weiter.

Also, da gibt es nichts, was es nicht gegeben hat. Wir haben manchmal laut geschrien, weil wir dachten, wir werden auf jeden Fall abgehört, damit die das hören, welcher Frust in uns ist. Wir haben Pläne gemacht, daß wir das Haus der Stasi anbieten, damit wir rüberkommen. Dann haben wir wieder gesagt: »Vielleicht wird's ja doch besser.« Es gab ja auch Signale, wo wir geglaubt haben – genau wie ein Betender dann doch glaubt.

Als zum Beispiel Erich Honecker drüben war und da hofiert wurde von vorn bis hinten, da haben wir irgendwo gedacht: »Na ja, nun kommt's doch näher.« Und uns ging's ja nicht hauptsächlich um die wirtschaftliche Seite, sondern uns ging's ja einfach um die Öffnung.

Und mir war eigentlich klar, daß es irgendwie – nur, an die Wende hat man so auf keinen Fall geglaubt –, aber daß es irgendwie doch... – ich hatte einen Uroptimismus, und den habe ich in diesen Gesprächen dann auch immer irgendwo wiedergefunden, wenn auch nach manchmal tiefen, depressiven – fast Zankereien.

Aber daß wir gesagt haben, wir treten jetzt an die Öffentlichkeit... – da hatten wir viele Beispiele: zum Beispiel aus der katholischen Gemeinde, da gab's Wehrdienstverweigerer, die gesessen haben, und da hat man dann Angst gehabt. Ach nee, das wollte ich nicht. Also bis zum Körperlichen..., wir kannten immer wieder welche, die..., gerade auch als Arzt hat man manchmal Vieraugengespräche geführt mit welchen, die von der Staatssicherheit verhört worden waren; da hatte ich einfach auch zuviel Angst, das muß ich wirklich sagen.

Schiller: Sie haben in diesem Gespräch einen Witz erzählt – und der Witz gerät ja oft in die Nähe der Satire: Man kann nicht darüber lachen, weil es eine sehr, sehr bittere Wahrheit ist, die da ausgesprochen wird. Es gibt einen Witz, der mich sehr nachdenklich macht: Ein Wessi sagt zum Ossi: »Sie kämpfen für's Geld, wir für die Ehre«; darauf der Ossi: »So ist es. Jeder kämpft um das, was ihm fehlt.« Ist das eine Zustandsbeschreibung, in der wir uns 1992 in diesem Deutschland befinden?

Klitzing: Da muß ich erst mal nachdenken über diesen, ja – ein Witz ist es nicht. Das ist schlimm und wahr. Man spricht ja am meisten immer über das, was man nicht hat... Aber das Problem des großen Durchschnitts Ex-DDR ist nicht fehlendes Geld, nein, das ist es nicht. Jedenfalls, ich gehöre vielleicht nicht zum Durchschnitt, nein, gehöre ich nicht – aber das kann ich eigentlich einschätzen: Es geht nicht um das Auto oder um die Reise oder... es ging eigentlich mehr um Ideelles. Und das, das hat die Welt einfach nicht verstanden, und es ist schade, daß es nicht verstanden wurde; das war 'ne Chance – nicht nur für die DDR, sondern für die ganze Ost-West-Problematik –, damit meine ich vom Atlantik bis zum Ural und weiter; und es war auch 'ne Chance für die Nord-Süd-Problematik, die ja auch irgendwo ansteht. Wir haben das hunderte Male besprochen im Neuen Forum: Wo ist die Grenze, wie weit; also, ich habe immer bis zu dem Nord-Süd-Konflikt gedacht. Ich sehe die – wie das in dem einen Film mal dargestellt wurde – diese Tausenden von hungernden Negern, die nach Europa hochwandern, um den Europäern zu zeigen, wie sie sterben; nichts weiter, nur wie sie sterben. Und das ist eigentlich mein, meine Hauptlinie...
Auf der anderen Seite sehe ich die unbestraften Militärs von Argentinien, die viele Menschen umgebracht haben und nie bestraft wurden. Ich sehe auch wieder die unbestraften Staatssicherheitsbeamten – gar nicht

mal nur die IM's, sondern diejenigen, die die IM's bedroht, bedrückt und ausgequetscht haben, und so weiter.

Ich sehe auch diese schönen Gespräche, die wir hier
in unserer Enge geführt haben: Wo es nicht ums Geld
ging, sondern um Kunst und Literatur und ums Leben
an sich und um Nähe und Ferne und um wahr oder un-
wahr. All' diese Dinge haben die Menschen einfach nicht
verstanden, daß das wertvoll war und Geld in der DDR
eigentlich nicht erstrangig war. Ich seh' diese Mütter –
viele Ehen waren ja geschieden –, Mütter mit zwei Kindern, die kriegten 150 Mark Alimente, verdienten selber
sechs- siebenhundert Mark und hatten nichts; aber sie
hatten irgendwo ihren Status und ihr Wohlbefinden und
ihr Auskommen und waren irgendwo auch zufrieden... –
und das hat noch keiner richtig definiert.

Na ja, der Witz muß verbessert werden, das reicht mir
nicht.

6. April 1992

»Staatstragende Ideen auflösen«

Carlo Jordan, Mitbegründer der Grünen Partei,
im Gespräch mit Marie Sagenschneider

*Carlo Jordan, geboren 1951 in Berlin, Mitbegründer
und Mitarbeiter der Berliner Umweltbibliothek und
der »Umweltblätter«. Zimmermannslehre, Bauingeni-
eursstudium, Arbeit als Bauleiter. Trampreisen in die
UdSSR, vor allem ins Baltikum. Ende der siebziger
Jahre Studium der Philosophie und Geschichte an der
Humboldt-Universität Berlin ohne Abschluß wegen der
Weigerung, in die SED einzutreten. 1985 – 89 Dozent für
Philosophie und Literatur an Bildungsstätten der Evan-
gelischen Kirche in Potsdam. 1989 Mitbegründer der
Grünen Partei (GP); Sprecher der GP am Zentralen Run-
den Tisch; Abgeordneter der letzten Volkskammer der
DDR. 1990 Abgeordneter der GP in der Berliner Stadt-
verordnetenversammlung. Heute u. a. Mitarbeiter in der
Gedenk- und Forschungsstätte für die Opfer des Stali-
nismus in Berlin / Normannenstraße.*

Jordan: Ja, zunächst mal bin ich in Ost-Berlin aufgewachsen, im Stadtbezirk Friedrichshain, das liegt genau
gegenüber vom Kreuzberg, und so nach meinen Kindheitserinnerungen gab's also diese große Trennung, die
dann ab 1961 mit dem Mauerbau da war, noch nicht.
Für mich war das damals noch völlig normal, nach
Kreuzberg zu gehen oder nach Steglitz zur Tante zu
fahren ohne meine Eltern, oder nach Neukölln mit der
S-Bahn und dort ins Kino zu gehen, so daß meine ersten
Erinnerungen eigentlich nicht von dieser schroffen Trennung geprägt sind. Natürlich gab's enorme Unterschiede, aber in bezug auf meine Kindheitserinnerungen war
Berlin damals noch irgendwie eine Welt, wenn auch eine
sehr widersprüchliche.

Heute geht es mir selbst so, daß ich oft, wenn ich so die ehemalige Mauer, also diesen Streifen überquere, daran denken muß ... Aber jetzt, so nach knapp drei Jahren, merke ich, daß sich auch dieses Aufmerken immer mehr verflüchtigt.

Sagenschneider: Das heißt, es wird normaler, und das heißt, man akzeptiert, »das gehört auch zu meinem Land dazu«, oder »das ist mein Land«?

Jordan: Also ohne Possessivpronomen vielleicht. Das ist für mich auch ein Raum, den ich betreten kann; das ist für mich eine Welt, die nicht mehr unerreichbar ist und die allerdings auch, das muß ich sagen, von mir jetzt gar nicht so häufig aufgesucht wird. Es liegt wahrscheinlich auch einfach an den Menschen: Man kennt natürlich hier im Osten mehr Menschen, und die Kommunikationsformen sind ja zwischen Ost- und Westdeutschen in diesen Jahren unterschiedlich geprägt worden. Meine Kontakte jetzt zu alten Freunden in West-Berlin, mit denen wir auch in der Zeit der Umweltbibliothek intensiv zusammengearbeitet haben, sind eher reduziert, die waren vorher, vor dem Mauerbau, eigentlich intensiver. Vielleicht war da für die Westler irgendwo so ein Punkt von prickelnder Spannung – hier rüberzukommen, mit uns was zu machen, dann irgendwelche Meldungen mit rüberzuschmuggeln und in der »taz« unterzubringen. Das ist nun weg, und da kommen jetzt eher so Probleme des anderen Verhaltens oder des Sich-nicht-klar-Seins: »Was meint denn der jetzt eigentlich«, und vielleicht auch – ja, ein größeres Desinteresse aneinander kommt jetzt zum Ausdruck.

Sagenschneider: Sie haben 1986 bei der Umweltbibliothek angefangen mitzuarbeiten – was haben Sie da genau gemacht?

Jordan: Wir haben schon jahrelang zuvor versucht, eine Umweltbibliothek in Ost-Berlin einzurichten, und es gab damals auch mehrere Versuche, sogar von Leuten, die sich später als Inoffizielle Mitarbeiter der Staatssicherheit herausstellten, diese Umweltbibliothek in Privaträumen einzurichten. Und wir sagten damals, wir brauchen einen öffentlichen Raum, wir brauchen einen Raum, der legal zu betreten ist und der eine möglichst günstige Lage in der Stadt hat. Und durch Zufall hat sich dann nach einer längeren Zeit des Suchens die Möglichkeit mitten in Berlin am Prenzlauer Berg in der Zionsgemeinde ergeben. Ja, und da habe ich dort an der Zionskirche als Bauleiter gearbeitet, und mein Hauptinteresse, meine Hauptkraft habe ich dann für den Aufbau der Umweltbibliothek eingesetzt und war auch dort ständig vor Ort.

Sagenschneider: Was war Ihre persönliche Motivation, da mitzuarbeiten, das mit aufzubauen?

Jordan: Einmal, im allgemeinsten Sinne, das Informationsmonopol des SED-Staates zu brechen.

Es war ja so, daß Informationen in dreifacher Hinsicht unterdrückt wurden. Es war nicht möglich, bestimmte Bücher, obwohl sie in DDR-Bibliotheken auch vorhanden waren, zu bekommen. Sie standen damals in »Giftschränken«, und das bedeutete dann oft einen längeren Prozeß mit Genehmigungen und Schreiben und auch einer genauen Regelung, wie die Bücher eingesehen werden durften. Mitunter durften Bücher nur im Beisein eines Dozenten oder Professors, und auch dann nur bestimmte Abschnitte, gelesen werden und mußten dann wieder sofort zurück in den »Giftschrank« gestellt werden. Also das war die Sekretierung von Literatur zunächst mal.

Der zweite Punkt war, daß auch sämtliche Printmedien in der DDR unter staatlicher Kontrolle standen und wir ja schon seit einiger Zeit versuchten, so mit kleinen Flugschriften eine, wenn auch begrenzte Gegenöffentlichkeit zu schaffen.

Und drittens war es vor allen Dingen auch die Möglichkeit, von der Institution Umweltbibliothek aus direkt über Westmedien an die Öffentlichkeit zu treten, vor allen Dingen an die DDR-Öffentlichkeit! Denn es war ja so, daß die meisten Leute wohl hier in der DDR lebten, aber mit dem Kopf einfach ganz woanders waren und ständig West-Fernsehen sahen, ständig West-Radio hörten und auch diese Sendungen ja nichts Authentisches über die DDR berichteten. So gewann also unser Ansatz, über die Westmedien Meldungen aus dem Osten in den Osten zu bringen, eine enorme Bedeutung.

Sagenschneider: Da kann man sich dann aber auch nicht vorstellen, daß das einfach so ohne Probleme vonstatten ging. Da stand doch bestimmt die Staatssicherheit auf der Matte und hat versucht, das zu unterwandern. Das ist ja inzwischen auch bekannt.

Wie geht man denn jetzt mit diesem Wissen, mit diesem breiteren Wissen, das man so im nachhinein hat, um? Sie haben ja auch jahrelang mit Leuten zusammengearbeitet, denen Sie vertraut haben und bei denen Sie jetzt feststellen, die haben alles der Staatssicherheit brühwarm weitererzählt. Fühlt man sich da verraten oder zumindest enttäuscht?

Jordan: Es ist eine persönliche Enttäuschung. Verraten kann man nur direkte Geheimnisse, würde ich mal sagen, also konspiratives Wissen, und in der Umweltbibliothek war es ja zumeist so, daß über viele Sachen relativ offen gesprochen wurde. Es gab natürlich immer auch einen engeren Redaktionskreis, in dem bestimmte Strategien und bestimmte Texte abgesprochen wurden, aber ansonsten war die Umweltbibliothek ja ein einzigartig freier öffentlicher Raum, wo Hunderte von Leuten kommunizierten. Wir hatten uns damals auch bemüht, jetzt nicht der Stasi-Macke zum Opfer zu fallen, denn viele oppositionelle Ansätze in der DDR in den sechziger, siebziger und frühen achtziger Jahren sind ja einfach daran gescheitert, daß die Leute meinten, nun ständig von der Staatssicherheit überwacht zu werden, ihre Kreativität, ihre Zeit nur in konspirative Versteckspielchen investierten und eigentlich keinerlei Ergebnis brachten.

Der Ansatz der Umweltbibliothek war genau umgekehrt, im Sinne von Glasnost alle Sachen ganz öffentlich zu sagen, sich auch öffentlich dazu zu bekennen, daß wir eben Vertreter der grünen Bewegung hier im Osten Deutschlands sind, daß wir zu bestimmten energie- und wirtschaftspolitischen Entscheidungen dieses und jenes anzumerken haben. Und insofern konnte da nicht so viel verraten werden, weil wir ja von vornherein in der Umweltbibliothek auch öffentlich sein wollten.

Andererseits ist natürlich besonders bitter, wenn man später mitbekommen hat, daß viele Leute, mit denen man auch persönlich eigentlich ganz gut konnte, sich fleißigst mit der Stasi trafen und dabei jeweils umfangreiche Treffberichte zustande kamen.

Sagenschneider: Wie gehen Sie denn heute persönlich mit solchen Leuten um?

Jordan: Es ist einfach so: Seitens der Umweltbibliothek haben wir noch nicht alle Spitzel, die uns mit dem Decknamen bekannt sind, konkreten Personen zuordnen können. Es gibt noch mehrere Decknamen... – zum Beispiel wurde auf mich auch ein »Robert« angesetzt, und ich weiß bis heute nicht, wer dieser Robert ist. Aber wir haben schon einige der Fleißigeren herausgefunden, und mit denen haben wir schon etliche Gespräche geführt. Es ist eben so, daß die Spitzel vielfach auch nur soviel preisgeben, wie ohnehin schon an Akten aufgedeckt ist.

Sagenschneider: Was sich ja so als roter Faden durch Ihre Lebensgeschichte zieht, ist die Beschäftigung mit dem Stalinismus: als Philosophiestudent an der Humboldt-Uni Ende der Siebziger und auch heute als Mitarbeiter der Gedenkstätte für die Opfer des Stalinismus. Und wie Sie mir erzählt haben – daran kann ich mich noch erinnern –, daß Sie als Kind schon den Aufbau der Stalinallee bewundert haben! Wie kommt das, woher kommt dieses Interesse?

Jordan: Das ist jetzt schwer mit wenigen Sätzen auf den Punkt zu bringen, aber es war für mich natürlich immer auch ein interessanter Zusammenhang, zu sehen, wie eine an und für sich relativ positive Weltsicht – die der frühen Sozialisten oder eben auch der Altkommunisten,

die ich in meiner Jugend kennengelernt habe im Stadtbezirk Friedrichshain – doch so etwas Furchtbares hervorgebracht hat wie das DDR-System, wie das SED-Sy-
stem: wo also die Menschen nicht reisen durften, wo kein
Recht bestand, an Informationen heranzukommen, wo
es zwar eine gewisse soziale Grundsicherheit gab, aber
andererseits eben doch enorme soziale Unterschiede, die
nicht am Geld, sondern an den Verfügungsrechten über
gesellschaftliche Angelegenheiten festgemacht wurden.
Also nicht das Eigentum war entscheidend, sondern, innerhalb der gesellschaftlichen Hierarchie, innerhalb der
Nomenklatura eine Stelle zu erreichen, wo man eben,
ohne über finanzielle Mittel zu verfügen, eine enorme
Macht über andere Menschen ausüben konnte. Und diesen Zusammenhang habe ich relativ früh als ungerecht
empfunden und mich schon Anfang der siebziger Jahre
in konspirativen Zirkeln mit antistalinistischer Literatur beschäftigt.

Sagenschneider: Was ja auffällt als zweiter roter Faden,
den ich in Ihrer Lebensgeschichte erkenne, ist so eine
Art Verweigerungsstrategie; das heißt nicht nur wech-
selnde Berufe wie vom Zimmermann zum Bauleiter und
von dort zum Philosophiestudenten, sondern immer
auch diese Tendenz zu sagen:»An dem Punkt, das reicht
mir, das mache ich nicht mehr mit, das lasse ich jetzt
einfach sein und fange was Neues an«. Sie haben beispielsweise auch den Armeedienst verweigert. Das ist ja
keine leichte Sache – war es damals nicht, war es die
ganze Zeit über nicht in der DDR. Das ist ja auch einigermaßen erstaunlich, weil es viele nicht geschafft haben, weil viele heute auch damit argumentieren,»das
mußte ich damals machen, weil, da war ich dem Druck
ausgesetzt und konnte mich dem nicht verweigern«.
Wieso schien es bei Ihnen zu funktionieren?

Jordan: Ja, das ist heute schwer so abstrakt zu beschreiben. Das war zunächst mal, glaube ich, ein Wider-
spruchsverhalten, ein jugendliches Widerspruchsverhal-
ten gegen militärischen Drill. Es war an den Schulen ja
schon so, daß wir in den Hofpausen marschieren muß-

144

ten. Meine Lehrausbildung begann mit einem Militärlager, und auch das Ingenieurstudium begann mit fünf Wochen härtester Armeegrundausbildung. Ich habe zunächst auch nicht gesagt, ich bin völlig gegen Militär, wußte auch damals, als 14-, 15-, 16-, 18jähriger, nicht, daß in der DDR die Möglichkeit bestand, wenigstens den Dienst mit der Waffe zu verweigern. Es war eher so, daß ich ein Unbehagen an diesem Umgang von Menschen miteinander empfand und nun bestimmte Anordnungen in Frage stellte.

Sagenschneider: Wenn ich das richtig verstanden habe, haben Sie das sonst ja auf dem Wege, das System mit eigenen Mitteln lahmzulegen – durch Eingaben und ähnliches – versucht?

Jordan: Ja, das war so eine Besonderheit der DDR, daß die Leute ganz viele Eingaben schrieben, die auch tatsächlich in irgendeiner Form beantwortet wurden, und teilweise konnte man damit auch Erfolg haben. Aber es war bei mir natürlich auch die Ergänzung der Verweigerungsstrategie, der persönlichen Verweigerungsstrategie im Hinblick auf Absicherung, denn mit dieser Eingabe konnte ich immer belegen, daß ich doch bestimmte Sachen regeln wollte, und bin damit einer direkten Kriminalisierung entgangen. Ich wollte auch nicht ins Gefängnis kommen, also sprich, ich hatte keinen Bock darauf, ein paar Jahre im Arbeitslager zu sitzen – das war ja in den siebziger Jahren noch gut möglich –, und habe mich dann eher mit DDR-Gesetzen beschäftigt, mit Verfahrensregeln, habe Widersprüche herausgefunden, hatte bald auch Freunde, die das beinahe zu ihrer Hauptbeschäftigung gemacht hatten. Es ging so weit, daß ich dann schon mal so als junger Mensch von Anfang Zwanzig Vernehmungsstrategien studierte. Ich habe mir einfach zwei Bände über Vernehmungsstrategien, Lehrmaterial für Kriminalisten, besorgt, das es irgendwo in den »Giftschränken« gab, aber nur von Kriminalisten und Juristen eingesehen werden durfte, und habe genau studiert, worum es bei Vernehmungen geht, wie man also einen entsprechenden Vernehmer für einen bestimmten psychologischen Typ von zu Vernehmendem findet, wie man ihn zum Reden bringt, wie man ihn psychisch so unter Druck setzt, daß er auch ohne physische Folter später die Preisgabe des Zusammenhanges als psychische Entlastung erleben muß. Und das war mir also auch später bei Verhaftungen durch die Staatssicherheit ganz nützlich, mich dann dort zu verweigern und nicht zu sprechen.

Sagenschneider: Was ich ziemlich interessant finde – wenn man das Beispiel Stalinismus nimmt, was ja immer auch eines Ihrer Hauptthemen war –, daß Sie sich damit immer eher wissenschaftlich beschäftigen. Zwar haben Sie auch mit den Lehren, die Sie daraus gezogen haben, versucht, auf kleinster Ebene was umzusetzen; aber auch heute, in der Gedenkstätte für die Opfer des Stalinismus, in der Sie arbeiten, ist das ja auch vorwiegend eine wissenschaftliche Arbeit und keine Beratungstätigkeit für Opfer im Hinblick auf Rehabilitierung oder Entschädigung oder Beratungstätigkeit für solche, die einfach nur ihre Lebensgeschichte erzählen wollen. Sie verfolgen immer dieses vom Opfer weg Wissenschaftliche.

Jordan: Zunächst mal finde ich es natürlich ganz wichtig, daß diese Institution in Berlin/Normannenstraße weiter aufgebaut wird – ist ja auch sehr symbolträchtig. In diesem Haus 1 in der Normannenstraße saß der Stasi-General und Minister und Politbüromitglied Erich Mielke, von dort aus hat er einen riesigen Staatssicherheitsapparat dirigiert. Und nun sitzen dort die Menschen, die in irgendeiner Form diese stalinistische Epoche im Osten Deutschlands miterlebt haben – die natürlich auch nur zu verstehen ist im Zusammenhang mit dem Aufbau dieses Gesellschaftssystems nach 1920, 1925, 1930 in der Sowjetunion und später, nach dem Zweiten Weltkrieg, in Osteuropa. Also ich sehe meine Aufgabe jetzt eher darin, diese Institution zu stabilisieren, vor allen Dingen auch die ursprünglichen Entscheidungen vom Zentralen Runden Tisch oder der Modrow-Regierung durchzusetzen, daß das gesamte Haus 1 für die Aufarbeitung des Stalinismus zur Verfügung steht. Das bedeutet jetzt konkret, daß die Finanzverwaltung, die dort einfach ein, zwei Etagen okkupiert hat, das Haus wieder räumt und diesem Zweck zur Verfügung stellt.

Es ist immer die Frage ... – man muß ja seine Möglichkeiten und seine Gaben auch irgendwo einsetzen und so einsetzen, daß man es auch möglichst lange durchhalten kann. Und für mich war es wichtig, die Verbände der stalinistisch Verfolgten mit in die Normannenstraße hineinzuholen.

Ich habe durchaus auch Gespräche geführt mit Opfern, nur – ich bin jetzt Anfang 40 und nicht so der Seelsorgetyp, der ständig dieses Leid abnehmen kann und möchte. Ich sehe meine Aufgabe eher darin, daß für die Opfer des Stalinismus bessere Möglichkeiten geschaffen werden. Denn es ist doch lächerlich, wenn jetzt vom Haushaltsausschuß des Bundestages gesagt wird, wir können nicht die 300 bis 600 DM Entschädigung pro Haftmonat zahlen, wir können nur noch 100 DM zahlen! Und wenn man andererseits dann sieht, was diese Herren dort verdienen, wie ihr Lebensweg war, welche Mittel ausgegeben werden für militärische Projekte der Bundesregierung, dann ist es ja einfach läppisch, jetzt den Opfern zu sagen: »Für euch haben wir nichts mehr, ihr seid jetzt hier mitvereinigt, ihr seid historisch verdienstvoll, und das ist ja schade, was euch im Leben passiert ist, aber eure Würde wiederherstellen und euch auf eure alten Tage noch so ein paar Sachen angenehm gestalten, ist einfach nicht drin«. Darauf also den Finger zu legen, das ist natürlich eine politische Aufgabe. Genauso die Frage der Rehabilitierung der administrativ und beruflich Diskriminierten – da wird, das würde ich ganz klar sagen, viel zu wenig getan.

Sagenschneider: Davon sind Sie auch selber betroffen?

Jordan: Ich erlebe das auch selbst und bin heute nachmittag auch wieder zu einem Gespräch mit der Rehabilitierungskommission an der Humboldt-Universität und sehe das ja in meinem Fall irgendwie noch nicht als so problematisch an. Ich habe ja immer gewußt, worauf ich mich eingelassen habe, oder das auch immer mit einer bestimmten politischen Intention gemacht. Aber es gibt eben auch jede Menge tragischer Fälle von Leuten, die etliche Jahre irgendwo im Gulag gesessen haben und nicht mal so recht wissen, wofür.

Sagenschneider: Das heißt, Sie empfinden Ihren eigenen Fall, daß Sie von der Humboldt-Uni geflogen sind, als nicht so tragisch, weil es nachvollziehbar ist für Sie, warum Sie die Uni verlassen mußten?

Jordan: Ja, ich bin auch unter bestimmten Vorbehalten und mit bestimmten Aufklärungsabsichten damals an die Sektion Philosophie gegangen. Das war total witzig! Schon bei der Aufnahmeprüfung wurde ich gefragt: »Herr Jordan, warum sind Sie nicht in der Partei?« Und ich habe dann ein bißchen so ausweichend geantwortet, ja, irgendwie gehöre ich zwar zur Arbeiterklasse, aber ich bin noch nicht so entsprechend gefestigt, daß ich mich entschließen könnte. Und dann hob der Fachrichtungsleiter den Finger und sagte: »Herr Jordan, eins sagen wir Ihnen, in der DDR gibt es keine Philosophie außerhalb der Partei!«

Und das habe ich dann so ein bißchen für mich auch als Programm umgedreht: Wir werden mal zeigen, was wir auch in unseren kleinen Zirkeln schaffen können und wie wir also bestimmte staatstragende Ideen auflösen können!

13. Juli 1992

»Die Enteignung des Gewissens«
Der Theologe und SPD-Politiker Richard Schröder im Gespräch mit Jürgen Schiller

Professor Richard Schröder, geboren 1943 in Frohburg / Sachsen, Theologe und SPD-Politiker. Besuchte die Vorschule für kirchlichen Dienst in Moritzburg, gleichzeitig die Berufsschule, da keine Zulassung zur Oberschule. Studium der Theologie und Philosophie an kirchlichen Einrichtungen. 1973–77 Pfarrer, 1977 kirchliche Promotion, 1977–90 Dozent für Philosophie u.a. am Sprachenkonvikt Berlin. 1988–89 Mitarbeit bei der »Ökumenischen Versammlung für Gerechtigkeit, Frieden und Bewahrung der Schöpfung« und Mitautor des Grundsatzdokuments »Mehr Gerechtigkeit in der DDR«. MfS-Überwachung seit 1976. SPD-Mitglied seit Dezember 1989. Mitarbeit am Verfassungsentwurf des Runden Tisches und Vorsitzender der SPD-Volkskammer-Fraktion.

Schiller: Zur aktuellen Situation habe ich mir ein paar Zeilen von Erich Fried rausgesucht, die mich doch sehr bewegen.

Fried schreibt:»»Das Spiel ist aus!‹ – riefen in der Schlußszene die endlich siegreichen Gegenspieler den entlarvten, bösen Machthabern zu, verstellten ihnen den Weg zur Flucht oder zu den Waffen, nahmen sie fest und führten sie, ohne sie noch eines Blickes zu würdigen, in die Kulisse ab, während der Vorhang fiel. Als er aber dann zum Applaus wieder hochging, kamen die besiegten Machthaber schon Hand in Hand mit den neuen Siegern zurück, und alle verneigten sich artig vor dem Publikum, das ihnen zurief und wie von allen Geistern verlassen Beifall klatschte.«

Ist das, Herr Schröder, ein Spiel, das wir in und mit Deutschland im Augenblick treiben?

Schröder: Also, ich glaube, das ist die Übertreibung, die zwar was verdeutlichen kann, aber nicht allgemein gilt. Es dürfte für eine Reihe von Leuten in der Wirtschaft gelten, da sind viele untergekommen; für die politische Szene kann man das so nicht sagen, daß dort die alten Machthaber wieder da seien. Es sind ja zum Beispiel Stasi-Überprüfungen in allen Parlamenten gemacht worden und auch im öffentlichen Dienst.

Man muß allerdings sehen, daß bei so einer Revolution dann auch das Thema »der gehörte zu den Alten« instrumentalisiert werden kann. Es gibt ja jetzt natürlich auch ein Gerangel um Posten, um Arbeitsplätze und so etwas, und in diesen Zusammenhängen kann dann manchmal dieses Argument auch instrumentalisiert werden. Ich will mal ein kleines Beispiel nennen: Wir hatten hier im Rat der Gemeinde Mitarbeiter aus der alten Zeit, von denen uns nichts bekannt ist, daß die an zweifelhaften Entscheidungen mitgewirkt haben, die waren Sekretärinnen. Der Bürgermeister hatte damals, als er neu ins Amt kam, in der Ortsgruppe der SPD gesagt: »Möchte nicht jemand von Euch die Sekretärinnenstelle übernehmen, wir machen hier einen neuen Anfang.« Da haben sie gesagt: »Ach nee, ich verdiene auf meinem Arbeitsplatz mehr.« So, dann wurde ihnen – es war Interflug – gekündigt, und von dem Moment an haben sie immer gesagt: »Du hast noch die alte Sekretärin.« Da hat er gesagt: »Nennt mir einen Grund, warum ich sie entlassen soll. Ich brauche einen Grund, ich will mich ja nicht beim Arbeitsgericht blamieren.«

Solche Elemente spielen auch 'ne Rolle, und das ist unfair. Ich meine, wenn die Sekretärin sich nichts hat zu Schulden kommen lassen, dann tippt sie weiter wie bisher. Die Vorstellungen von einem totalen Auswechseln, die können dann am Ende so aussehen, daß man dann auch noch die Bevölkerung auswechseln müßte – bis zur Teilnahme an Mai-Demonstrationen darf wohl das Diskreditierende nicht gehen, sonst sind die meisten fällig.

Schiller: »Sich befreien«, das hat André Gide einmal gesagt, »sich befreien bedeutet nichts, aber mit der Freiheit etwas anfangen!«

Können wir Deutschen mit dieser durch die Vereinigung neu gewonnenen Freiheit wirklich etwas anfangen, oder sind wir auf dem Wege, tatsächlich zu dem zu werden, was das Ausland uns im Augenblick vorwirft und als was es uns beschreibt: Sind wir nur noch die Deutschen mit dem häßlichen Antlitz? Kommen wir auf dem Wege durch die Freiheit in eine neue Art der Unfreiheit?

Schröder: Das ist natürlich alles sehr bedrückend und schlimm, was da an Rechtsradikalismus passiert.

Aber ich hab' zum Beispiel mal eine Zeitungsnotiz gelesen, daß da schlimme Dinge in einem italienischen Dorf passiert sind, in dem eine große Anzahl von Chinesen gelebt hat; das rückte in der Zeitung unten rein!

Es gibt, glaub' ich, auch wirklich – ich will nichts verniedlichen –, es gibt aber, glaube ich, auch so einen Effekt: »Von den Deutschen haben wir Schlimmes in Erinnerung...« – dann wird doppelt und dreifach hingeguckt, ob das etwa wiederkommt. Wir müssen natürlich aufpassen, daß..., daß das nicht ausufert. Aber die Serie von Demonstrationen, von Lichterketten zeigt doch, daß irgendeine... – die Gefahr, daß Auslandsfeindlichkeit, Ausländerfeindlichkeit mehrheitsfähig wird, also die kann man wirklich noch nicht sehen. Damit will ich das Problem nicht verniedlichen, sondern einordnen.

Ich denke, es gibt 'ne ganze Menge noch zu klären. Es gibt da auch eine Erblast, die aus dem Westen mitgebracht wird. Wir haben das oft bei jungen Leuten aus dem Westen erlebt, daß die uns klarmachen wollten, daß sie eigentlich im schlimmsten Staat der Welt leben: »Ihr habt Eure Stasi und wir haben unseren Verfassungsschutz, und dann haben wir die repressive Toleranz – das ist noch viel schlimmer. Ihr wißt wenigstens, wer Euer Gegner ist« – und so.

Also, wer so mit den Mühen der freiheitlich-demokratischen Ordnung umgeht, darf sich nicht wundern, wenn die nächste Generation dann sagt: »Das ist alles Quatsch, einen starken Mann brauchen wir« oder so. Also, wie soll ich sagen? Der Hegel hat mal gesagt: »die Rose im Kreuz der Gegenwart sehen können«, das heißt also – bei aller berechtigter Kritik: Wir können lange über Mißbrauch von Freiheit auch in der Demokratie reden, aber sozusagen den Minimalkonsens festhalten – und dazu gehört jedenfalls erst mal der Gewaltverzicht –, den Minimalkonsens festhalten!

Und wenn eine Demonstration stattfindet, die den Minimalkonsens dokumentieren soll, dann kann man auch nicht einfach nebenherlaufen und immerfort nur »Heuchler« rufen. Also, ich gehöre da mit zu der Gruppe, die um den Bundespräsidenten herumlief, und ich muß sagen, daß ich weder den Bundespräsidenten noch mich persönlich als einen Heuchler empfinde. Und dies – jemanden in so einer Situation als Heuchler zu bezeichnen – ist auch ein Kratzen am Minimalkonsens.

Schiller: Vielleicht können wir jetzt mal einen Moment über den Begriff Tat und Täter nachdenken.

Das Wort Tat ist für mich nur scheinbar eindeutig – diese Silbe kann verschiedenes bedeuten: Eine Tat kann durch ihre Folgen uneinholbar weit über all das hinausreichen, was der Täter beabsichtigt hat. Dann gibt es, wie manche Philosophen es formuliert haben, die »magnifizierte Tat«, die nicht, wie es notwendig ist, im Zusammenhang von Ursachen, Anlässen und Motiven betrachtet wird, sondern im Scheinwerferlicht, in dem der Täter nach einem großen Erfolg gezeigt wird. Und es gibt jene Taten, die den extremen Situationen am besten zu entsprechen scheinen, weil sie eben in ihrer Maßlosigkeit mit keinem Maßstab der Menschlichkeit mehr ermessen werden können.

Was war jetzt nach Ihrer Meinung die Tat der DDR und die der Täter in der Verantwortung?

Schröder: Jetzt wird meistens der Maßstab angewendet: »Es muß irgendwo die abscheulichen Ungeheuer, gewissenlosen Verbrecher gegeben haben.« Natürlich hat es die auch gegeben. Aber so richtig vorzuführen, einen, der dieser Erwartung voll entspricht, will nie gelingen. Die Täterschaft – im verurteilenswerten Sinn –, die sieht manchmal bloß so aus, daß die sich eben haben einreden lassen: »Du als einzelner überblickst das nicht alles, die Partei hat immer recht. Und wenn die Partei sagt: ›So und so müssen wir das machen‹, da kannst du mit deinen kleinen Skrupeln nicht klüger sein wollen.«

Also die Enteignung des Gewissens – das ist ja etwas anderes als gewissenlos handeln! Der Vater, der ein überzeugter Genosse war, der hat das dann seinem Sohn wieder so erklärt, daß man es so machen müsse.

Das ist ja doch das gefährliche an einer Ideologie, daß sie das Gewissen sozusagen prinzipiell und nicht unausdrücklich und heimlich, sondern ausdrücklich suspendiert und bei der Partei abliefert.

Und wer war die Partei, wenn man dann mal so weiter guckt? Dann war das am Ende das Politbüro, und da haben sie auch wieder alle voreinander geduckt. Das Prinzip der kollektiven Führung heißt eben dann am Ende: Jeder hat nur mitgemacht und keiner will's gewesen sein.

Das ist der eine Teil. Der andere Teil ist der, daß jemand sagt: »Ich will mein Leben leben, ich möchte meine Ruhe haben, die verlangen von mir das und das.« Das ist wie bei einem Eroberer: »Das zahle ich als Tribut, damit ich dann meine Ruhe habe. Da gehe ich eben zur Mai-Demonstration, bitte, da gehe ich eben in die Partei.« Das ist zwar sozusagen nach unseren Idealmaßstäben nicht okay, aber das ist das Feld, wo ich denke, da muß jetzt, weil's vorbei ist, auch Nachsicht am Platz sein.

Ja, und dann gibt es nun diejenigen, die haben was gemacht – sagen wir mal solche IM-Spitzel –, für das sie sich..., von dem sie eigentlich schon immer irgendwie gewußt haben, daß das nicht okay ist, etwas, das sie jetzt aber nicht zu sagen oder vorzuweisen wagen, weil sie da den Gesichtsverlust befürchten. Und das sind die schwierigsten Fälle. Da müßte man für die Betreffenden hoffen, daß sie denn doch irgendwie den Sprung finden, um das wenigstens auf menschlicher Ebene wieder zu versuchen in Ordnung zu bringen. Also, da hingehen und das in Ordnung bringen – das ist natürlich gut gesagt –, man kann ja Vergangenheit nicht sozusagen reinwaschen.

Aber, kurz gesagt – das Problem der Schuld erweist sich beim näheren Hinsehen als vielfältig, und ich bin fest überzeugt: Wir werden niemals von Erich Honecker wirklich ein Wort der Reue hören, weil der sich das alles mit seiner Ideologie so zusammengekleistert hat, und mit seinen 80 Jahren läuft der in den Spuren, in denen er von Jugend an gelaufen ist.

Schiller: Sie haben vor der Synode der Evangelischen Kirche in Deutschland, also der EKD in Suhl, gerade, im November 1992, gesagt: »Für ein gerechtes Urteil über andere sind zwei Testfragen sinnvoll: Wie hätte ich an seiner Stelle gehandelt, und was wäre aus mir an seinem Ort geworden?«

Darf ich das einmal auf Professor Schröder anwenden: Wie hätten Sie zum Beispiel an der Stelle von Stolpe gehandelt, und was wäre aus Ihnen anstelle von Fink an der Humboldt-Universität geworden?

Schröder: Also, um auf das zweite kurz zu antworten: In die Rolle von Herrn Fink wäre ich nicht gekommen, weil ich das niemals mitgemacht hätte, daß ich mich in einem falschen Fach qualifiziere, also, auf deutsch gesagt, mit 'ner Arbeit in Kirchengeschichte mich zum Professor für praktische Theologie machen lasse. So was mache ich grundsätzlich nicht, das ist Etikettenschwindel. Im Blick auf Stolpe ist es schon schwieriger, man müßte da sozusagen zwei Fragen stellen: Wie hätte ich mich in einer kirchenleitenden Verantwortung bewegt?

Sicher hätte ich da auch eine ganze Menge von Gesprächskontakten pflegen müssen, die ich nicht zu pflegen hatte in der Funktion als Pfarrer oder als Dozent. Sicherlich wäre nicht einfach dasselbe rausgekommen. Ich hätte wahrscheinlich doch – bei aller Freundlichkeit und Verbindlichkeit – deutliche Grenzen signalisiert an bestimmten Punkten. Allerdings ist es nun auch immer eine künstliche Frage, denn hätte ich dasselbe damit erreicht? Das kann ich natürlich dann nicht mehr genauso beantworten, sondern anders, sozusagen auch bis hin zu gewagten Gesprächskontakten: Wenn ich fest davon überzeugt bin, daß dadurch etwas bewegt werden kann, was sonst nicht bewegt werden kann, dann hätte ich das auch gemacht.

Wissen Sie, ich finde, das untadelige Tatenregister, das untadelige Gewissen, das daher kommt, daß man sich nicht die Hände schmutzig machen will, egal, was daraus folgt – das sieht moralisch aus, es ist aber eigentlich doch noch 'ne Art von egoistischer Moral: »Meine weiße Weste ist das wichtigste.«

Das ist nach christlichem Verständnis nicht korrekt, weil nach christlichem Verständnis der konkrete Nächste das Maß ist und man deshalb auch in Situationen kommen kann, in denen man um des Nächsten willen schuldig werden muß. Das sind Dinge, die nun auf viel brisanterer Ebene ja auch Bonhoeffer sich zum Thema gemacht hat, reflektiert hat.

Schiller: Das, was Sie jetzt erläutert haben, was ja auch Ihre geistige Grundhaltung ist, bringt mich jetzt dazu, doch zu versuchen rauszubekommen, wie sich das geformt und entwickelt hat. Also vielleicht Teil zwei dieses Gespräches – nämlich Ihre Kindheit und Jugend in der DDR. Ich raffe mal und sage: Auf der einen Seite christlicher Geist, Interesse an politischen, wissenschaftlichen, philosophischen Fragen; auf der anderen Seite die Problematik Junge Pioniere, Jugendweihe, Kirchenkampf der Ulbricht-Ära; dann die Junge Gemeinde, die ja immer wieder als Tarnorganisation des US-Imperialismus verteufelt wurde. Was hat Sie da geformt?

Schröder: Ja, am stärksten formt wahrscheinlich ein Elternhaus, wenn es sozusagen eine kontinuierliche geistige Atmosphäre darstellt – also nicht selbst von inneren Turbulenzen zerrissen ist.

Ich bin mit einer gewissen Selbstverständlichkeit in den christlichen Glauben hineingewachsen. Also, ich gehöre nicht zu denen, die an irgendeinem Tag ihres Lebens eine Bekehrung oder so etwas datieren.

Mein Vater war Naturwissenschaftler und hat sich immer sehr für diese schwierigen Fragen im Grenzgebiet zwischen christlichem Glauben und Naturwissenschaften interessiert. Ich bin auch immer mit dem christlichen Glauben so bekannt geworden, daß die kritischen Fragen zu stellen und zu bewegen mit dazugehört hat.

Ja, und dann ist das ganze eben nicht so ein beschauliches Freizeitchristentum gewesen, sondern eines, das in konfrontative Situationen geführt hat – in der Schule nicht auf so furchtbare Weise.

Wir hatten in jener Zeit eine gespaltene Lehrerschaft. Wir hatten zum Beispiel einen Kantor, der als Musiklehrer fungierte; der wurde dann während meiner Schulzeit vor die Alternative gestellt, das eine oder das andere zu lassen – da hat er dann den Lehrerberuf aufgegeben. Wir hatten ein paar Lehrer, die sich, fast schon konspirativ, einmal im Monat zu einem kleinen Kreis beim Pfarrer trafen und über Fragen des christlichen Glaubens diskutierten. Und wir hatten dann die strammen Parteigänger, meist Neulehrer – nicht selten auch fachlich schlecht –, aber dafür in der Partei. Das war also nicht einfach eine Konfrontation Schule – Elternhaus, sondern die Schule war selber auch wieder differenziert.

Aber der Rektor, der hatte natürlich das richtige Parteibuch, und für die Entstehung von so etwas wie Zivilcourage oder innerer Unabhängigkeit ist, glaube ich, die Erfahrung wichtig gewesen: Wenn es in der Schule irgendwie Ärger gab, der mit politischen oder weltanschaulichen Fragen zusammenhing, dann ist mein Vater da hingezogen und hat sich auf den Standpunkt gestellt, daß wir als Christen in diesem Land ein Lebensrecht haben und daß wir erwarten können, daß die Schule die Kinder nicht in weltanschaulicher Hinsicht benachteiligt oder bewitzelt oder so etwas.

Schiller: Wie beurteilen Sie vor diesem Hintergrund heute Ihre Tätigkeit als Pfarrer in der ehemaligen DDR? Können Sie mit dem, was Sie geleistet, was Sie gewagt haben, zufrieden sein, oder hätte da nicht auch der Pfarrer Schröder stehen müssen, der von der Kanzel herunter die Menschenrechtsverletzungen in der DDR, das System, die Schüsse an der Mauer verurteilt hat?

Schröder: Wenn Sie sich mal so eine Situation konkret vorstellen: Das wäre zwar schön, wenn ich da so richtig vom Leder ziehe, aber die Folge wäre gewesen, daß der

Besuch des Gottesdienstes sozusagen zu einem kleinen revolutionären Akt wird.

Also, in dem Moment, wo mein Gottesdienst als eine staatsfeindliche Veranstaltung eingeordnet wird, dann laste ich den Gemeindegliedern, die zum Gottesdienst gehen wollen, auf, zu einer staatsfeindlichen Veranstaltung zu gehen. Das darf ich nicht. Ich kann mich nicht sozusagen profilieren auf Kosten der Spielräume der Zuhörer, sondern das mußte so gehen, daß der Gemeinde-Kirchenrat, die Gemeindeglieder irgendwo, von dem Funktionär angesprochen: »Was hat denn euer Pfarrer da schon wieder gesagt?«, in der Lage blieben, das zu verteidigen. Ich konnte ja nicht wünschen, daß die sagen: »Ja, da müssen Sie zum Pfarrer gehen, ich finde das auch nicht gut.« – Oder ich zwinge sie zu sagen: »Das finde ich auch gut.« – »Was, du bist auch so einer?« hätte es dann geheißen.

Also, der Pfarrer, der steht vorne – aber es wäre eine schäbige Ausnutzung dieser Situation, wenn er die Zuhörer in eine Lage bringt, wo sie sagen: »Na ja, also, so vorsichtig, wie ich nun mal bin, hätte ich das nun lieber nicht so hören wollen.«

Wir haben nicht unkritisch oder kritiklos gepredigt, das kann man wirklich nicht sagen. Aber für mich war immer ein Kriterium, daß die Gottesdienstbesucher, darauf angesprochen: »Was hat denn euer Pfarrer da nun wieder gesagt«, sagen können: »Ja, das ist schon in Ordnung gewesen, was er gesagt hat.«

Und in der DDR war's ja so, daß man sehr schnell in die Klemme genommen wurde, mit »diskutieren«, wie das ja so schön hieß; und dann mußten die Leute in der Lage sein oder davor geschützt sein, sozusagen aufs Kreuz gelegt zu werden. Das ist eben sehr kompliziert, wenn man die Zuhörer alle auch in ihrer konkreten Lebenssituation mitbedenkt.

Schiller: Dann lassen Sie mich die Frage ausweiten. Weg von dem Menschen und dem Pfarrer, hin zu der Institution, nämlich zu der Kirche.

Schröder: Kirche, ja.

Schiller: Hat die Kirche in diesem Staat DDR tatsächlich das geleistet, was sie hätte leisten müssen? Hat sie versagt als Kirche im Sozialismus?

Schröder: Wir haben hier immer die Schwierigkeit mit den Maßstäben, die fair sind.

Ich finde, der einfache, der einleuchtendste Maßstab ist ja immer der Vergleich mit anderen Kirchen in derselben Situation. Ich finde, da schneiden wir immer ganz gut ab. Die polnische katholische Kirche, die kann man nun nicht zum Maßstab nehmen, denn deren Rückhalt in der Bevölkerung war unvergleichlich höher.

Man muß ja daran erinnern, daß sozusagen der Machtkampf in Sachen Jugendweihe, der in den fünfziger Jahren mal gelaufen ist, wo der Staat die Jugendweihe verdeckt zur Voraussetzung gemacht hat für Lehrstellen und sonst was und die Kirche gesagt hat: »Jugendweihe, eine solche Weihehandlung widerspricht dem christlichen Glauben, und wir werden deshalb nicht im selben Jahr diejenigen konfirmieren, die zur Jugendweihe gehen, sondern wir werden ein Jahr dazwischenschieben«, diesen Kampf hat die Kirche verloren. Es sind im Grunde dann 98 Prozent oder so zur Jugendweihe gegangen und eine verschwindend kleine Zahl nur noch zur Konfirmation. Das heißt also, die Kirche wußte, daß sie sich auch in eine oppositionelle Ecke bringen kann, in die ihr dann niemand mehr folgt. Insofern sind wir doch bei einer ähnlichen Situation, wie ich sie eben im Blick auf den Prediger und die Gottesdienstbesucher geschildert habe.

Es gibt – im Rückblick muß man das sagen – eine Reihe von Themen, die deutlicher hätten angesprochen werden müssen. Der Öffentlichkeit ist aber nicht richtig bewußt, wieviel denn und was kritisch angesprochen worden ist. Die Erklärungen der Synoden sind eigentlich die authentischsten Dokumente für das, was die Kirche wollte, weil die Synode, das Kirchenparlament – da sind viele auch aus den Gemeinden, das ist nicht einfach nur Kirchenleitung und so. Diese Erklärungen der Synoden sprechen jedesmal Kritikpunkte an. Der Staat reagiert dann darauf, der Staatssekretär für Kirchenfragen bestellt die Bischöfe zu sich und hat dann jedesmal an diesen Synodalbeschlüssen irgendwas zu meckern.

Ich würd' nicht sagen, daß die Kirche in diesem Staat versagt hat, sondern könnte höchstens sagen: Wir hätten noch erfindungsreicher sein sollen in der Ausnutzung unserer Spielräume. Wir hätten auch immer mal etwas mutiger formulieren können. Aber, wenn die historische Forschung oder auch Romane diese Zeit dann mal so zum Anfassen nahebringen, dann wird man genau beschrieben finden, wie zwiespältig alles war, wieviele Gesichtspunkte berücksichtigt werden mußten: die Spielräume wahrnehmen und gleichzeitig doch auch erkunden, wie groß sie denn sind. Immer die Angst: Wenn wir die Spielräume zu weit ausdehnen, dann werden sie kleiner werden; die staatliche Seite sozusagen immer auch soweit bei Laune halten, daß die Kritik so portioniert ist, daß es nicht umschlägt in das volle Feind-Raster: »So, mit euch reden wir nicht mehr«. Denn wir waren ja – alle in der DDR waren angewiesen auf das Wohlwollen – in Anführungsstrichen – auf das »Wohlwollen« der Herrschenden: Wir konnten nicht vor Gericht ziehen, wir konnten sozusagen nur entweder ihnen den Kampf ansagen – da muß man aber vorher die Truppen zählen, sonst ist man hinterher der Dumme – oder eben diese Politik... – Spielräume so wahren oder auch etwas vergrößern, daß sie etwas... – aber den großen Knatsch vermeiden.

Und so gesehen würde wahrscheinlich – Geschichte wiederholt sich nicht, aber wenn sie sich wiederholen würde –, würde auch die nächste Generation nicht das an den Tag legen, was sich dann sozusagen zum heroischen Bild stilisieren läßt, sondern sie würden sich genauso in den vielen kleinen Problemen verfitzen und die vielen »Sowohl-als-auch« zu berücksichtigen haben. Und es käme eben dann auch wieder raus, wie ich das von der evangelischen Kirche sagen würde: »Ganz wacker geschlagen, aber nicht gerade Olympiasieger.«

21. Dezember 1992

»Die Vereinigung findet statt«

Wolfgang Schäuble, Delegationsleiter
der BRD bei der Aushandlung
des deutschen Einigungsvertrages,
im Gespräch mit Jürgen Schiller

*Dr. Wolfgang Schäuble, geboren 1942 in Freiburg im
Breisgau, als Innenminister Delegationsleiter der BRD
bei den Verhandlungen zum Einigungsvertrag, seit Ende
1991 Vorsitzender der CDU/CSU-Bundestagsfraktion.
1961–77 Mitglied der Jungen Union, seit 1965 CDU-
Mitglied. Jura-Studium, wissenschaftlicher Assistent an
der Universität Freiburg. 1971–78 Tätigkeit in der
Steuerverwaltung von Baden-Württemberg, seit 1972
MdB. 1978–84 Rechtsanwalt, 1981 Parlamentarischer
Geschäftsführer der CDU-Fraktion, 1984 Minister im
Bundeskanzleramt, 1989–91 Innenminister. Durch ein
Attentat seit 1990 an den Rollstuhl gebunden.*

Schiller: Herr Dr. Schäuble, Sie sind in diesem Jahr 50
Jahre alt geworden. Das ist ein halbes Jahrhundert Leben, aus dem wir einige Stationen herausgreifen werden. Aber zunächst zum Geburtstag selbst:
Ihre Partei, finde ich, hat Ihnen im Prinzip ein sehr
nachdenkliches Geschenk gemacht, nämlich ein Sym-
posium mit dem Titel »Wir sind ein Volk – Teilung und
Zusammenwachsen in Deutschland«.
Stimmt dieser erste Teil des Titels eigentlich noch;
sind wir noch ein Volk, nachdem wir gerade erst eins
geworden sind? Führen wir nicht im Augenblick in uns
und durch unser Handeln eine geistige Trennung her-
bei, die katastrophale Folgen haben kann?

Schäuble: Wir haben natürlich Probleme mit dem, was
ich Vollendung der Einheit nenne, aber ich glaube schon,
daß wir ein Volk sind. Wir arbeiten jetzt unsere gemeinsame Vergangenheit miteinander auf; das plagt uns,

denn das sind ja auch gewaltige Brüche – 40 Jahre Teilung in Demokratie und totalitären Sozialismus – das arbeitet man nicht leicht auf, wirtschaftlich und sozial nicht, aber bei so unterschiedlichen Lebenserfahrungen auch politisch, moralisch und menschlich nicht. Und dennoch bin ich ganz überzeugt: Wir werden das schaffen, die Vereinigung findet statt. Wir müssen es ja auch schon deswegen schaffen, weil wir unsere Einheit der europäischen Entwicklung verdanken; wir müssen unsere Einheit auch vollenden, um einen Beitrag zu leisten, damit Europa seine 40jährige Spaltung überwinden kann.

Schiller: Wo nehmen Sie diese Überzeugung her? Was sagen Sie dem Mann auf der Straße, wenn Sie zum Beispiel in Erfurt sind, in Weimar oder in Wismar? Wie bringen Sie diese Überzeugung rüber?

Schäuble: Indem man miteinander redet, indem man sich gegenseitig auch zuhört. Ich sage ja vor allen Dingen auch im Westen immer, man sollte nicht glauben, daß uns das nichts anginge, nicht berühre, daß das nur ein Problem derer sei, die im Osten leben und gelebt haben. Es ist unsere gemeinsame Vergangenheit! Es hat sich ja keiner – oder die allerwenigsten – ausgesucht, ob er diesseits oder jenseits der Mauer zu leben hatte. Die im Westen hätten sich nicht anders verhalten, wenn sie im Osten zu leben gehabt hätten. So wie ich umgekehrt denen im Osten gelegentlich sage: »Wäre es umgekehrt gewesen, wäret Ihr heute wahrscheinlich auch nicht besser, als wir im Westen uns heute Euch gegenüber benehmen.«

Und dann muß man ja auch sehen: Vieles entwickelt sich doch auch aufeinander zu. Ich habe oft den Eindruck, daß junge Menschen zu einem großen Teil schon sehr unbefangen miteinander auskommen; die Alten sowieso, weil die ja noch zusammen gelebt hatten. Am schwersten tun sich die Jahrgängen meiner Generation, die einen wesentlichen Teil ihres Lebens in unterschiedlichen Systemen, mit ganz unterschiedlichen Erfahrungen gelebt haben. Was 40 oder mehr als 40 Jahre gewesen ist, ändert sich nun fundamental. Alle werden es nicht schaffen, Verletzungen werden bleiben. Aber das ist bei solchen Brüchen immer so; wir haben auch mit unserer gemeinsamen Vergangenheit im Dritten Reich noch heute, fast 50 Jahre danach, zu tun.

Schiller: Alles, was ich über Sie gelesen habe, Herr Dr. Schäuble, macht mir deutlich, daß Sie im politischen Bereich eigentlich immer an ein zentrales Ziel geglaubt haben, nämlich, die Freiheit für alle Deutschen zu erreichen, die Teilung erträglicher und gefahrloser zu machen, die Einheit der Nation völkerrechtlich nicht aufzugeben. Sind diese klaren Grundsätze und Ziele angelernt oder Teil Ihrer schwäbischen Mentalität, Ihrer Erziehung, also prinzipiell Ihres Elternhauses?

Schäuble: Ich glaube, der Grundbestand ist mir schon irgendwo vorgegeben gewesen, also wahrscheinlich auch ererbt, anerzogen vielleicht nicht. Vielleicht gibt es Vorbilder. Für mich war, wenn Sie so wollen, Patriotismus immer etwas Selbstverständliches. Auch wenn ich ganz aus der Südwestecke unseres Vaterlandes stamme und überhaupt keine persönlichen verwandtschaftlichen Beziehungen in den Osten oder in den Norden Deutschlands hatte, so war es eigentlich doch für mich immer selbstverständlich, daß eben Leipzig oder Dresden oder Schwerin auch zu Deutschland gehören – auch wenn sie fern waren, auch wenn man sie gar nicht persönlich gekannt hat. Und wenn man in Berlin war, konnte man ja wirklich auch als ein ganz bescheidener Schwarzwälder schon das Empfinden haben, daß die Stadt nicht an der Mauer enden konnte. Das war die beste Erfahrung, um zu begreifen, daß diese Teilung so unnatürlich war, daß sie auf die Dauer nicht Bestand haben würde.

Im übrigen war meine Überzeugung in der Tat, daß die Freiheit letztlich unteilbar sein wird, auch unteilbar sein muß, daß wir unserer eigenen Freiheit im Westen nie ganz sicher sein würden, solange nicht auch andere in Deutschland oder in Europa die Freiheit hätten. Meine Überzeugung war, übrigens in Übereinstimmung mit vielen, die in der DDR damals Verantwortung trugen:

Wenn die Deutschen in der DDR die Freiheit haben würden, würden sie sich auch für die Einheit entscheiden.

Viele aus dem linken Spektrum der Politik haben daran nicht geglaubt und waren hinterher überrascht. Ich bin von der Entwicklung insoweit nicht überrascht gewesen; überrascht hat mich eher, daß es die Sowjetunion so schnell geschehen ließ. Aber daß, wenn die Deutschen selbst ihr Schicksal entscheiden könnten, sie sich für die Einheit entscheiden würden, daran hatte ich nie gezweifelt.

Schiller: Gibt es eigentlich in Ihrer Kindheit oder in Ihrer Jugend etwas, was Sie, wenn Sie jetzt noch mal darüber nachdenken und reflektieren, in Ihrer Entwicklung ganz entscheidend geprägt hat?

Schäuble: Hin zur Politik?

Schiller: Ja, nicht nur zur Politik, sondern auch, was diesen Menschen Wolfgang Schäuble geformt und geprägt hat.

Schäuble: So ein einzelnes Ereignis ist nicht ganz leicht zu finden. Aber ich weiß noch sehr genau meine Empfindungen am 17. Juni 1953. Ich habe sonst nicht mehr so viele Erinnerungen an politische Ereignisse aus den Jahren meiner Kindheit, das muß man ja wirklich auch nicht haben. Umso bemerkenswerter, daß ich mich an den 17. Juni '53 ganz genau erinnern kann, auch an die Situation, wie wir das am Radio erlebt haben.

Zunächst war da die Hoffnung, daß sich jetzt vielleicht die Teilung Deutschlands erledigen würde; und dann die entsetzliche Realität und das »Fassungslos-Sein« angesichts einer Entwicklung, in der Panzer gegen friedliche Menschenmengen im Grunde eingesetzt wurden. Das hat mich irgendwie sehr beeinflußt. Vielleicht steckt darin auch eine frühe Ursache dafür, daß ich mich, schon in den Jahren, als ich im Ring Christlich Demokratischer Studenten, also in meiner Universitätszeit, politisch an den Hochschulen engagiert war, sehr für Deutschland und Außenpolitik und Ostpolitik interessiert habe und gar nicht für Bildungspolitik oder solche spezifischen Anliegen studentischer Politik.

Schiller: Wie glaubwürdig, Herr Dr. Schäuble, sind Sie eigentlich, wenn Sie Ihrer Frau versprochen hatten, nie ein politisches Mandat anzunehmen, da sie Sie sonst nicht geheiratet hätte?

Schäuble: Ja gut, wenn Sie meine Frau kennen würden, würden Sie verstehen, daß man, um sie zu gewinnen, auch gewisse Anstrengungen unternehmen mußte. Was meine Glaubwürdigkeit anbetrifft, so lege ich Wert darauf, daß mich meine Frau von diesem Versprechen entbunden hatte, ehe ich mich für die Kandidatur in meinem Wahlkreis in Offenburg zur Verfügung gestellt habe. Und insofern – sie war damit einverstanden, was sie heute oder in der Zwischenzeit oft bereut hat, insofern ist, meine Glaubwürdigkeit wohl nicht fundamental angegriffen.

Schiller: Es gibt eine für mich manchmal sehr leichtfertige Behauptung, die da heißt: Niemand konnte sich die Gesprächspartner der ehemaligen DDR aussuchen.
Sie sind mit Honecker zusammengetroffen, Sie haben zwischen '84 und '89 mit Schalck-Golodkowski verhandelt; trifft Sie eigentlich der Vorwurf, der heute manchmal erhoben wird, daß Sie ebenfalls nur mit den Mächtigen gesprochen haben und nicht mit denen da unten, die man ja sowieso nicht sah oder nicht sehen wollte?

Schäuble: Also, ich würde den Satz »niemand konnte sich seine Gesprächspartner aussuchen« gar nicht akzeptieren. Aber, wenn sie als Mitglied der Bundesregierung, als Chef des Kanzleramtes, für Beziehungen zu der Regierung der damaligen DDR zuständig waren, und das war ja durch den Grundlagenvertrag so geregelt, dann konnten sie sich in der Tat in dieser amtlichen Eigenschaft ihre Gesprächspartner nicht aussuchen; sonst hätte man die Beziehungen abbrechen müssen. Man muß dann diejenigen akzeptieren, die auf der anderen Seite amtlich zuständig sind – das waren

Honecker und die von ihm dazu Beauftragten und Bevollmächtigten.

Ich füge aber hinzu: Rainer Eppelmann zum Beispiel war bei mir auch schon in der Zeit, als ich im Kanzleramt war, und das war vor der Wende! Und natürlich hab' ich auch versucht, meine persönlichen Beziehungen in die damalige DDR hinein zu entwickeln und aufrechtzuerhalten. Ich habe beispielsweise Bischof Binder, den wir gerade vor wenigen Tagen in Bonn als Bevollmächtigten der evangelischen Kirche verabschiedet haben, daran bei seiner Verabschiedung erinnert: Als ich Chef des Kanzleramts wurde, habe ich gerade auch über die evangelische Kirche darum gebeten, möglichst viele, nicht-offizielle Beziehungen und Verbindungen und Informationen in und über die DDR zu bekommen, und habe so versucht, mir aus amtlichen und privaten oder offiziellen und inoffiziellen Kontakten ein möglichst präzises Bild von der Lage der DDR zu verschaffen.

Schiller: Sie kennen ja den Vorwurf, der sich heute so leicht machen läßt, daß man sagt: »Dem Wolfgang Schäuble wäre nichts passiert, wenn er zum Beispiel die Umweltbibliothek besucht hätte.«

Schäuble: Natürlich wäre dem Wolfgang Schäuble überhaupt nichts passiert. Nur, diejenigen, die mir heute solche Vorwürfe machen, haben ja zum Beispiel überhaupt keine Ahnung von der Arbeitsbelastung, die ich als Chef des Kanzleramts hatte; zweitens von der Frage, welchen Spielraum ich mir in den offiziellen Verhandlungen mit der Regierung der DDR genommen oder nicht genommen hätte, wenn ich bei Besuchen in der DDR, wo ich ja keinen Schritt ohne Überwachung und Wahrnehmung machen konnte, Dinge gemacht hätte, die nicht gezielt irgend etwas vorangebracht hätten.

Im übrigen muß ich diejenigen, die sagen, ich hätte das besuchen sollen, einmal fragen: »Haben Sie denn jemals einen Versuch unternommen, mich einzuladen?« Ich gehe gerne irgendwohin, wohin ich eingeladen werde; und Briefe konnte man in den Westen schreiben oder transportieren, wenn man interessiert gewesen wäre.

Wer mit mir sprechen wollte, konnte mich erreichen, hat mich auch erreicht. Auch in der sogenannten oppositionellen Bewegung in der DDR gab es viele, die wollten überhaupt nichts mit uns zu tun haben, weil sie uns für Kalte Krieger und Revanchisten hielten, obwohl wir für die Einheit mehr getan haben als andere. Deswegen finde ich es heuchlerisch, wenn manche, die uns ja politisch für den »Gottseibeiuns« gehalten haben, uns heute vorwerfen, wir hätten sie gar nicht wahrgenommen. Sie wollten auch nicht die Einheit, sie wollten eine reformierte DDR, und das sollten sie jetzt nicht vergessen und verdrängen.

Ich bekenne mich zu dem, was ich getan habe. Wir haben uns für die Einheit engagiert und für die Freiheit, für Reformen in der DDR, für menschliche Erleichterungen. Ich habe mit niemandem gekungelt, ich habe mit niemandem eine Leiche im Keller. Ich hab' gelegentlich gesagt: »Ich habe auch keinen geküßt und keinen geduzt« – und ich hab' es bei vielen anderen auf der politischen Linken ganz anders erlebt.

Schiller: Ich habe bei der Vorbereitung zu dem Gespräch noch einmal nachgelesen, was mir der Philosoph und Physiker Carl Friedrich von Weizsäcker gesagt hat, als ich mit ihm zu seinem achtzigsten Geburtstag sprach und wir über Deutschland diskutierten. Da sagte er: »Die Vorstellung, wir könnten in den westlichen, also in den früheren Bundesländern, in den ursprünglich dagewesenen Bundesländern einfach unseren Konsum genauso weiterführen, wie wir das bisher gemacht haben, halte ich für falsch. Es muß etwas aufgegeben werden davon, und wenn man es nicht tut, wird die Folge sein, daß Zustände eintreten, die uns einige Zeit später nötigen könnten, sehr viel mehr aufzugeben.«

Ist das eine These, der Sie beipflichten können?

Schäuble: Ja. Das ist grundsätzlich gar nicht zu widerlegen. Ich habe bei der Debatte zum Haushalt '93 im Bundestag gesagt: Wir können so nicht weitermachen. Wir leben – und zwar im Westen unseres wiedervereinten Vaterlandes – über unsere Verhältnisse. Und das hat gar nichts mit der deutschen Einheit zu tun. Wir haben uns ein Maß an Besitzstandsdenken und Tabuisierung von Besitzständen angewöhnt, das uns unfähig macht, auf neue Herausforderungen zu reagieren. Das kann man ökologisch, also mit der Knappheit von Ressourcen, nicht nur Energie- und Rohstoffen, sondern auch, was die Luftverschmutzung, die Wasserverschmutzung, vieles andere anbetrifft, begründen; man muß sich einmal die Verkehrsentwicklung anschauen! Man kann es auch sozial- und wirtschaftspolitisch begründen.

Ich sage oft: In einer Welt, in der Grenzen nicht mehr teilen – Gott sei Dank, der eiserne Vorhang ist in Europa nicht mehr da –, in einer Welt, in der Informationen weltweit verfügbar sind –, in einer solchen Welt werden wir uns die Probleme dieser einen Erde nicht vom Halse halten können. Und deswegen werden wir mehr zum Teilen bereit sein müssen, nicht nur national! Ich habe als erster das Wort: »Wir müssen, wenn wir die Teilung überwinden wollen, zum Teilen bereit sein« gebraucht in einer Bundestagsdebatte im November '89; und ich bekenne mich dazu! Ich hab's oft wiederholt, und es gilt nicht nur in Deutschland, sondern es gilt europa- und weltweit!

Schiller: Das Ende der DDR sollte ja eigentlich eine allgemeine Aufbruchsstimmung hervorrufen, stattdessen stellen wir verstärkte Unlust fest. Wie können Sie die ganz konkret bekämpfen?

Schäuble: Also, ich glaube, man muß das Bild etwas differenzierter beschreiben. Es gibt beides in den neuen Ländern und in den alten auch. Ich hätte mir für die alten Länder, für den Westen schon etwas mehr Einsicht gewünscht, daß das für uns auch eine Chance bedeutet, daß sich mehr verändern und schneller verändern muß. Aber da sind die Widerstandskräfte groß – obwohl sie doch allmählich auch abgebaut werden; die Einsichten wachsen ja auch im Westen. Im Osten müssen wir Eigeninitiative, Engagement stärker fördern. Ich hab' mich beispielsweise wirklich in meiner Erwartung ge-

täuscht, weil ich angenommen hatte, daß Vereine, Sport-
vereine und kulturelle Vereine wie Pilze aus dem Boden
schießen werden. Aber das geht sehr langsam, sehr
schwerfällig, obwohl man den Deutschen doch nachsagt,
sie seien Vereinsmeier.

Oder auch in der Kommunalen Selbstverwaltung.
Wenn man sich klarmacht, daß die Menschen, die so alt
sind wie ich, das ja nie erleben konnten, woher sollen sie
es denn wissen? Also muß man die kommunale Selbstverwaltung stärken. Deswegen haben wir beispielsweise ja mal die kommunale Investitionspauschale einge-
führt. Wir müssen den Mittelstand stärken; wir müssen
Hilfen geben, auch im Bereich von vielen sozialpoli-
tischen Aufgaben in der Jugendhilfe – aber auch im
Sport, in der Kultur freie Träger fördern, nicht alles
durch den Staat machen lassen.

Das wächst langsam, aber es wächst – und darauf
muß unsere Politik verstärkt zielen. Wir tun das, so gut
wir können, und ich glaube auch, daß wir Fortschritte
machen.

Schiller: Opfer, Herr Schäuble, möchten und müssen eigentlich immer wissen, was mit ihnen geschehen ist. Ist
die Art der gegenwärtigen Vergangenheitsbewältigung
die richtige?

Was bedeutet für Sie, der Sie ja nun die leidvolle Erfahrung des Attentats durchgemacht haben, das Sie heute an den Rollstuhl bindet, was bedeuten für Sie Begrif-
fe wie Schuld, Sühne, Rache, Verfolgung?

Schäuble: Mit meinen persönlichen Erfahrungen kann
ich das nicht in Verbindung bringen. Der Mann, der auf
mich geschossen hat, war geisteskrank, das ist festgestellt, und deswegen habe ich kein Gefühl von Rache
oder Sühne, sondern für mich ist es im Grunde ein Un-
glücksfall; das hat also damit wenig zu tun.

Ob man die Vergangenheit von Teilung und totalitä-
rem Sozialismus in der früheren DDR mit den Mitteln
unseres Strafrechts aufarbeiten kann, da habe ich sehr
begrenzte Erwartungen. Wer mich kennt, weiß, daß ich
immer zu einer gewissen Skepsis geraten habe. Aber, ich

habe dann auch gelernt, daß eigentlich wir im Westen uns im Urteilen, wie man das machen soll, eher zurückhalten sollen.

Das ist schon eine Frage, die diejenigen, die als Opfer oder als Täter – die allermeisten waren ja von beidem etwas – stärker betroffen sind, selber entscheiden müssen. Insofern ist auch die Unvollkommenheit eines Prozesses wie der gegen Herrn Honecker eine Erfahrung, die die Deutschen eben miteinander machen müssen. Vielleicht wächst daraus die Einsicht, daß wir nicht zuviel Kraft darauf verwenden sollten, die Vergangenheit noch einmal zu verändern, sondern uns mehr darauf konzentrieren sollten, aus einer schlechten Vergangenheit die Kraft zu schöpfen, die Zukunft besser zu gestalten. Je mehr wir uns darauf konzentrieren, um so besser werden wir mit den Problemen fertig.

Schiller: Bevor ich noch einmal auf den Anfang zurückkomme, zu diesem Deutschland, und wir am Ende dieses Gespräches noch mal eine Zustandsbeschreibung wagen, noch etwas ganz Persönliches.

Ich habe etwas gelesen, was Sie über Ihre Situation gesagt haben, was mich sehr betroffen gemacht hat. Da beschreiben Sie den Alltag und sagen: »Im Rollstuhl ist man entsetzlich klein.« Wenn Sie als Rollstuhlfahrer einen Stehempfang besuchen oder im Bundestag oder in der Fraktion sprechen, dann sehen Sie, so sagen Sie, wie klein Sie sind; da merken Sie dann sehr schnell, wie hilflos Sie sind.

Ist das erlebte Realität, durchlittene Realität, oder ist das schon Resignation und Depression?

Schäuble: Nein, überhaupt nicht. Es ist eine Erfahrung, die man realistisch machen muß. Im übrigen finde ich, gerade einem wie mir, dem man ja gelegentlich nachsagt, daß er auch ganz gut austeilen kann, dem tut's auch gut, wenn er die Erfahrung macht, daß der Mensch eben letztlich auch immer hilflos ist. Ich komme mit meiner Situation psychisch ganz gut zurande. Ich bin eigentlich dafür sehr dankbar, und es helfen mir auch viele. Es ist auch viel Normalität eingetreten. Wenn Sie sehen, wie man in den politischen Auseinandersetzungen mit mir genauso unfreundlich umspringt wie zur Zeit, bevor ich im Rollstuhl saß, dann zeigt das ja doch, daß man mich mit meinen Beschränkungen und Behinderungen als einen ganz normalen politischen Mitstreiter akzeptiert. Das finde ich eine wichtige Erfahrung für mich wie für andere, und ich hoffe, daß dies eben auch einen Beitrag dazu leistet, daß die Öffentlichkeit insgesamt Menschen mit Behinderungen nicht als minderwertig oder weniger qualifiziert ansieht. Ich hab' gelegentlich ja mal gesagt: »Jeder Mensch hat seine Behinderung, nur wissen's nicht alle. Wir im Rollstuhl kennen die unsere.« Jedenfalls diese kennen wir. Andere Behinderungen, die wir vielleicht auch haben, kennen wir nicht. Und wenn wir so miteinander umgehen, achten wir vielleicht die Würde jedes anderen Menschen stärker, als wir es gelegentlich in unserem öffentlichen Alltag immer erfahren.

Schiller: Von diesem menschlichen Bekenntnis noch einmal zum politischen Credo des Wolfgang Schäuble.

Wenn Sie sich das Gesicht des heutigen vereinten Deutschland ansehen, dann hat es für viele im Augenblick sehr verzerrte, zum Teil auch sehr häßliche Züge. Ist das vielleicht im Grunde doch das eigentliche, wahre Gesicht des Deutschen, und war das nur in den vergangenen Jahren hinter der Maske – einmal der Gedankenlosigkeit im Westen und der Diktatur im Osten – verborgen?

Schäuble: Nein. Die ganz große Mehrheit der Deutschen ist weiterhin gegen Gewalt, gegen Extremismus, gegen die Verteufelung von Minderheiten, für ein friedliches und freundliches Zusammenleben auch und gerade mit ausländischen Mitbürgern. Wir sind sehr viel weltoffener geworden, als wir es vielleicht in früheren Jahrzehnten gewesen sind.

Wir haben jetzt eine schwierige Phase, wir haben viele Umbrüche, viele Verunsicherungen, die bei manchen Menschen auch zu einer Suche nach einfachen, scheinbar einfachen Lösungen führen; das stärkt die Extremen am rechten wie am linken Rand; es gibt kleine Minderheiten von Gewalttätern.

Wir haben Autorität in Deutschland zu sehr vernachlässigt – aus vielen verständlichen Gründen, wenn wir nur an die Vergangenheit im Dritten Reich denken oder auch an die Vergangenheit in der früheren DDR; Autorität ist sehr schwach geworden, auch in der Erziehung durch die Schule, auch durch die Familien. Aber weil jede Krise ihre Chance hat, denke ich, daß diese Erfahrungen vielleicht auch dazu beitragen, daß wir die Elemente personaler Würde wieder stärker nutzen, daß wir wieder wissen, daß Freiheit ohne Recht, aber eben auch ohne ein gewisses Maß an Autorität auf Dauer nicht auskommen kann, daß es Rechte nicht ohne Pflichten gibt und daß Verantwortung die Kehrseite einer freiheitlichen Lebensordnung ist. Und ich bin sogar zuversichtlich, daß die Betroffenheit, die wir jetzt alle haben müssen über diese schrecklichen Erfahrungen, uns helfen wird, schneller zu lernen, als wir vielleicht in den vergangenen zwei Jahren nach der deutschen Einheit gelernt haben.

30. November 1992

Alexander Osang

Aufsteiger – Absteiger
Karrieren in Deutschland

168 Seiten,
18 Fotos
ISBN 3-86153-040-6
24,80 DM

Ch.Links

Ist Osang Ossi oder Wessi? fragen die Blöden, die nicht glauben können, daß ein Ostler so clever, locker und auch tückisch über das verkrampfte Nicht-mehr- und Noch-nicht-Land schreiben kann.

Fritz-Jochen Kopka, »Wochenpost«

Mag sein, Osang hat die Details mitunter so geordnet, daß sie seiner gewünschten Sicht auf die Charaktere entsprechen, mag sein, er geht mit seiner Genauigkeit manchmal bis an die Grenze der Diffamierung, aber am Ende meint man den Menschen zu kennen.

Birgit Walter, »Berliner Zeitung«

Osangs simple und einleuchtende Wahrheit aber gründet sich darauf, daß die Geschichte eines Landes die seiner Bewohner ist. Aller Bewohner.

Anke Westphal, »die tageszeitung«

Erbarmungslos und echt witzig, das ist die Mischung des Reporters Osang, der die Gabe hat, sich kurz zu fassen; ... in Osangs Reportagen wird so wenig geredet wie in guten Filmen. Dafür charakterisieren die Zitate ihre Urheber schlagartig.

»Deutschlandfunk«